Robert Havemann
Ein deutscher Kommunist

Rückblicke und Perspektiven aus der Isolation

Herausgegeben von
Manfred Wilke

Mit einem Nachwort von
Lucio Lombardo Radice

Rowohlt

Umschlagentwurf Werner Rebhuhn

1.–10. Tausend Oktober 1978
11.–20. Tausend Oktober 1978
Durchgesehene Auflage
21.–30. Tausend Oktober 1978
Copyright © 1978 by Rowohlt Verlag GmbH,
Reinbek bei Hamburg
Alle Rechte vorbehalten
Gesamtherstellung Clausen & Bosse, Leck
Printed in Germany
ISBN 3 498 02846 4

Inhalt

Vorbemerkung

Seit November 1976 wird Robert Havemann als ein politisch Aussätziger in Quarantäne gehalten. Mit diesen Maßnahmen der Staatsorgane der DDR soll der «reale Sozialismus» in diesem Land vor den Ansichten und der öffentlichen Kritik des Kommunisten Robert Havemann geschützt werden. Sein Beispiel soll keine Schule machen. Wen treffen all diese Maßnahmen?

Einen Mann,
– der 1932 Mitglied der KPD wurde
– der 1943 vom «Volksgerichtshof» unter Vorsitz von Roland Freisler wegen «Hochverrats» zum Tode verurteilt wurde
– der 1945 von der Sowjetarmee aus der Todeszelle befreit wurde
– dem 1950 in Westberlin als Chemiker wegen seiner Agitation gegen die amerikanische Wasserstoffbombe Berufsverbot erteilt wurde
– der von 1950 bis 1964 als ordentlicher Professor für physikalische Chemie und Direktor des Physikalisch-chemischen Instituts an der Humboldt-Universität lehrte
– der von 1950 bis 1963 Mitglied der Volkskammer war
– der seit seiner berühmten Vorlesung «Naturwissenschaftliche Aspekte philosophischer Probleme» im Wintersemester 1963/64, die als «Dialektik ohne Dogma?» weltbekannt wurde, «im Streit» mit seinen «realsozialistischen» Genossen im Politbüro der SED lebt.
  Am 26. 11. 1976 verhängte das Kreisgericht Fürstenwalde über Robert Havemann einen Hausarrest, den er auf seinem

Grundstück in Grünheide «absitzen» muß. Der Hausarrest wurde unbefristet ausgesprochen. Die Straße, an der sein Grundstück liegt, wurde abgesperrt, und eine Wachmannschaft des «Ministeriums für Staatssicherheit» der DDR überwacht seitdem rund um die Uhr nicht nur ihn, sondern die ganze Familie Havemann. Ob Ehefrau Katja zum Bäcker geht, Tochter Franzi mit Kindern spielen will, die «Stasi» ist immer dabei. – Allerdings wurde Havemann gestattet, mit «Eskorte» nach Berlin zu fahren, dort besucht er u. a. die Ärzte, bei denen er in Behandlung ist, und seine engsten Anverwandten. Hierauf hat er nach den Buchstaben des Urteils von Fürstenwalde, das er bis zum heutigen Tag nicht schriftlich ausgehändigt bekam, keinen Anspruch, sondern es handelt sich um «reine Großmut» der zuständigen Organe bei der Urteilsvollstreckung.

Alle Versuche Robert Havemanns, auf die einfache Frage: Was darf ich eigentlich, und was darf ich nicht? eine ebenso eindeutige Antwort zu erhalten, wurden immer mit der gleichen stereotypen Antwort abgewiesen: Sie dürfen sich auf Ihrem Grundstück aufhalten. Allenfalls ließ man sich noch zu dem Nachsatz herab, bei weitergehenden Wünschen dürfe er sich an die zuständigen Organe wenden, die darüber entscheiden würden. «Ein Ende ist nicht abzusehen.»

Der mit diesem Buch vorgelegte Text mußte gesprochen, könnte nicht geschrieben werden. Es ist ein Dialog, aber eben kein Gespräch. Ich habe Robert Havemann Fragen zukommen lassen; er hat sie beantwortet – offen, direkt, ohne die Stringenz der schriftlichen Ausarbeitung, aber mit der Unmittelbarkeit des Betroffenen. Das Buch erscheint auch als Protest gegen eine Situation, in der mit Robert Havemann nicht gesprochen werden kann, gegen die Quarantäne, die erreichen soll, daß Robert Havemann aus dem öffentlichen Bewußtsein verschwindet, daß er vergessen wird.

Berlin, 26. 7. 1978   Manfred Wilke

I
Bruch

«Ich denke ja gar nicht daran, die DDR zu verlassen, wo man wirklich auf Schritt und Tritt beobachten kann, wie das Regime allen Kredit verliert . . .»

Robert Havemann hat im Wintersemester 1963/64 an der Humboldt-Universität in Berlin eine Vorlesung gehalten, die zum Anlaß genommen wurde, ihn 1964 aus der Partei auszuschließen und von der Universität zu entfernen. 1965 bekommt er Berufsverbot. Begründet wurde dieses Berufsverbot mit einem Artikel, den Havemann im SPIEGEL veröffentlicht hatte. Er forderte eine «neue KPD» für die Bundesrepublik und empfahl den westdeutschen Kommunisten einen Neuanfang. Im folgenden Kapitel beantwortet Robert Havemann meine Fragen nach diesen Ereignissen – er geht auf seine Freundschaft zu Wolf Biermann ein und beschreibt die peinlichen Umstände seiner Halbgefangenschaft im eigenen Haus.

Die Fragen

Wie kam es zu der Vorlesung im Wintersemester 1963/64, und was wollten Sie damit erreichen?

Rechneten Sie mit Ihrem 1964 erfolgten Parteiausschluß, und wie hat er Sie getroffen?

Wie erfolgte und vollzog sich Ihr Berufsverbot?

Begründet wurde Ihr Berufsverbot 1965 mit einem Artikel, den Sie als Plädoyer zur Neugründung einer Kommunistischen Partei in der Bundesrepublik im «Spiegel» veröffentlicht hatten. Formal hat sich die DKP bei ihrer Gründung 1968 genau an Ihren Vorschlag gehalten. Hat sich irgendwann einmal ein Spitzenfunktionär der DKP für Ihre gute Idee von 1965 bedankt?

Biermann und Havemann – diese Namen standen von 1964 bis 1976 für sozialistische Opposition in der DDR. Seit über einem Jahr fehlt Ihnen Wolf Biermann, was bedeutet er Ihnen?

Biermann-Ausbürgerung, Verhaftung von Fuchs, Kunert, Pannach u. a., Isolierung, Kontaktverbot mit dem Westen, Besuch von Lombardo Radice im März 1977 (erstmals besucht ein ZK-Mitglied einer westlichen kommunistischen Partei einen osteuropäischen «Dissidenten»), Charta 77 in Prag – was empfand Robert Havemann bei all diesen Ereignissen?

Wie sahen Ihre Kontakte zur DDR-Bevölkerung, früheren Kollegen und insbesondere der DDR-Jugend in der Zeit von 1965 bis 1976 aus? Hatten Sie z. B. einen umfangreichen Briefwechsel?

Ich war ja von Anfang an daran beteiligt, eine neue, bessere, eine sozialistische Universität zu schaffen. Auch als meine Kritik an bestimmten Erscheinungen immer schärfer wurde, auch an der Politik der Partei außerhalb der Universität überhaupt, auch dann noch war innerhalb der Universität und innerhalb der Grundorganisation der SED, zu der ich gehörte, all mein Streben darauf gerichtet, die Politik der DDR positiv zu beeinflussen und weiterzuführen, um sie aus ihrer Sackgasse herauszubekommen. Ich hatte eine sehr feste Position innerhalb der Grundorganisation der Chemiker. Meine Genossen waren fast ausnahmslos meine Freunde und ich ihr Freund. Wir hatten ein offenes Verhältnis zueinander ohne irgendwelche Hemmungen vor schärfster Kritik, auch an meiner Person. Wir lebten zusammen in einer Gemeinschaft, die ich immer als ganz hervorragend empfunden habe. Mit vielen dieser Leute, dieser jungen Kommunisten und Wissenschaftler verbindet mich noch heute eine sehr freundschaftliche Beziehung, obwohl wir uns nur sehr selten sehen können, im Interesse ihrer Existenz. Meine Vorlesung diente im Grunde dem Ziel, der Partei zu helfen, sie war nicht gehalten worden, um ihr Schwierigkeiten zu machen.

Ich hatte mich häufig mit Kurt Hager darüber unterhalten, für wie ungenügend ich den philosophisch-ideologischen marxistischen Unterricht in dem sogenannten gesellschaftswissenschaftlichen Grundstudium halte, überhaupt, was für eine verballhornte und oberflächliche Form des dialektischen Materialismus an der Universität vertreten wird. Ich habe ihm oft gesagt: «Ich will mal ein Buch schreiben, in dem der dialektische Materialismus auf der Höhe der Zeit dargestellt wird, soweit mir das eben gelingen kann.» Und so hatte ich schon mindestens seit 1960, wenn nicht schon früher, jedes Jahr meine Vorlesungen gehalten unter dem Titel «Naturwissenschaftliche Aspekte philosophischer Probleme». Ich hatte im ersten Jahr vielleicht fünf bis zehn Hörer, aber ich hielt durch. Das war natürlich eine Vorlesung ganz anderen Inhalts als die, die ich 1964 hielt. Sie beschäftigte sich zwar mit ähnlichen Problemen, war aber sehr viel mehr auf rein naturwissenschaftliche Fragen beschränkt. Das ging nun so von Jahr zu Jahr. Immer wieder meldete ich die Vorlesungen an, die Zahl meiner Hörer wuchs immer ein wenig mehr. Schließlich, im Wintersemester 1962/63, wurde meine Vorlesung sogar offizieller Bestandteil des gesellschaftswissenschaftlichen Grundstudiums. Damals hatte ich ungefähr zweihundert Hörer. Aber das waren Hörer, die mußten kommen. Immerhin, sie kamen.

Schon in den Jahren 1957 bis 1959 hatte ich häufiger erheblichen Streit mit der Partei, hauptsächlich mit den Philosophen, die die Niederlage, die sie 1956 erlitten hatten, nicht verwinden konnten. Mehrmals wurden vom philosophischen Institut der Humboldt-Universität Diskussionen organisiert, die letzten Endes nur die Aufgabe hatten, mich zu desavouieren und mich als Revisionisten zu brandmarken. Aber mir machten diese Streitgespräche großen Spaß, und es war wirklich ein Vergnügen, mit diesen Leuten, die ihren Marxismus nicht ordentlich studiert hatten, zu streiten. Ich kann mich noch an eine Diskussion erinnern, wo schließlich einer der Hauptdrahtzieher dieser ideologischen Streitereien, der Genosse Gerhard Zweiling, plötzlich vor die Versammlung hintrat und erklärte, daß irgendein hohes Gremium beim Staatssekretariat für Hochschulwesen erklärt hätte, daß meine Meinung parteifeindlich und staatsfeindlich wäre und es deswegen gar nicht zulässig sei, sich überhaupt mit mir zu unterhalten. Daraufhin wollte man mir nicht das Wort zur Erwiderung geben. Aber zufällig war ein Mann da, den sie eigentlich als ihren Zeugen, einen naturwissenschaftlichen Kronzeugen, vorgesehen hatten, nämlich der Genosse Segal, ein physiologischer Chemiker. Dieser trat seine Wortmeldung, als er an der Reihe war, an mich ab, so daß ich dann kurzerhand erklären konnte, daß ich unter diesen Umständen, wenn tatsächlich ein solcher Beschluß vorläge, es selbst aus Parteidisziplin vorzöge, die Diskussion nun abzubrechen. Mit mir zusammen zogen etwa die Hälfte der Anwesenden aus dem Versammlungslokal aus. Das empfanden die anderen natürlich als eine furchtbare Beleidigung, und es gab einen entsetzlichen Krach. Trotzdem kamen sie damit in keiner Weise zu einem Ziel.

Auch in der Parteiorganisation der Humboldt-Universität selbst gab es ständig Versuche, mir Schwierigkeiten zu machen. Es wurden Parteiversammlungen veranstaltet, in denen ich verurteilt und zur Rechenschaft gezogen wurde. Den Höhepunkt bildete schließlich eine Hochschulkonferenz, auf der ich zwischen zwei Feuer geriet: Einerseits waren da die Radikalinskis von der Humboldt-Universität und die dortigen Parteileute und Professoren und andererseits einige Leute im Zentralkomitee, die offenbar an diesem Streit weniger interessiert waren. Die letzteren hatten mich aufgefordert, zu einem ganz bestimmten Thema zu sprechen, und zwar genau zehn Minuten lang, und mich auf diese Sachen überhaupt nicht einzulassen. Nachdem ich mein Thema, das ich schriftlich formuliert hatte, so langweilig wie möglich abgelesen hatte, gab es einen Riesentumult. Die Leute verlangten, ich sollte öffentlich in der Versammlung Stellung zu den Angriffen gegen mich beziehen. Ich zog dann gegen die andern ganz furchtbar vom Leder, was zur Folge hatte, daß ein Beschluß gefaßt wurde, mich wegen parteiunwürdigen Verhaltens zu kritisieren oder zu verurteilen. Während ich da noch als Aussätziger in der Masse der Delegierten saß – es war eine große Versammlung –, schickte die anwesende sowjetische Delegation, die sich im Präsidium befand, einen Mann, den ich schon kannte, den Philosophen Jan Vogeler, den Sohn des Malers Heinrich Vogeler, der fließend Deutsch und Russisch spricht, zu mir und ließ mir im Auftrage des Leiters der Delegation, ich habe leider den Namen dieses Mannes vergessen, einen Gruß bestellen, und ich sollte mich gar nicht beunruhigen, das wären alles völlig nebensächliche Dinge, es würden für mich daraus keine Folgen entstehen. Ich hatte damals offenbar in der Sowjetunion oder zumindest bei gewissen Kreisen der sowjetischen Partei starke Rückendeckung in meinem Streit mit der SED.

Im Laufe der Jahre trat ich auch auf verschiedenen Konferenzen von Philosophen und Naturwissenschaftlern in der DDR, in Leipzig und der ČSSR auf, hielt dort Vorträge zum Thema Spontaneität und Bewußtheit, wobei ich mich für die Spontaneität einsetzte. Ich erklärte, daß überhaupt keine menschliche Aktivität ohne Spontaneität möglich ist. In Prag, wo damals mein guter Freund Arnost Kolman Direktor des Philosophischen Instituts der Akademie der Wissenschaften war, nahm ich auch an einer großen Philosophen-Konferenz teil. Ich unterbreitete den Anwesenden meine Ansichten über Zufälligkeit und Notwendigkeit, die aus der Quantenmechanik entwickelt waren und im wesentlichen das exemplifizierten, was man in der Dialektik der Natur bei Engels lesen und aus den Zitaten entnehmen kann, die Engels aus der Wissenschaft der Logik von Hegel herausgeschrieben hat. So ging es Jahre in einer positiven Weise voran.

Mein offener Streit, der immer stärker werdende Streit mit den Kathederphilosophen der DDR, machte meine Vorlesungen interessant, machte mich auch ihnen gegenüber militant. Dadurch wuchsen die Hörerzahlen so rapide an. Ich hielt regelmäßig meine Vorlesung. 1963 wurde eine neue Vorlesungsreihe für Studenten über Philosophie und Naturwissenschaften offiziell eingerichtet, und es gab keinen Dozenten dafür. Man verfiel auf mich, und ich hatte zwei junge «Ge-Wi»(Gesellschaftswissenschaften)-Assistenten, die bei den Vorlesungen anwesend waren. Mit ihnen hatte ich mich befreundet, und sie staunten nicht schlecht, als sie hörten, was ich den staunenden Studenten alles vorsetzte, aber das alles vollzog sich, ohne daß man es richtig merkte.

Die ersten Vorlesungen habe ich noch in dem ziemlich kleinen Hörsaal des Physikalisch-chemischen Instituts in der Bunsenstraße gehalten. Aber dann wurde mir von der Universität mitgeteilt, so ginge es nicht, das Gestühl würde vor Überbelastung einbrechen, weil die Leute zu zweit immer auf einem Sitz saßen und auf den Gängen überall rumstanden. Also zogen wir um und bekamen dann eine ungünstige Vorlesungszeit – nämlich freitags um 14.00 Uhr – angewiesen für den großen Hörsaal des Chemischen Instituts, in den also sieben- bis achthundert Leute hineingehen. Aber das war natürlich eine Fehlrechnung. Gerade die Tatsache, daß diese Zeit frei war, bewirkte, daß von allen Seiten die Leute hinkamen. Es kamen auch Leute mit der Eisenbahn angereist und konnten auf diese Weise an der Vorlesung teilnehmen, was wahrscheinlich sehr schwer für sie gewesen wäre, wenn die Vorlesung vormittags angesetzt worden wäre. Da ich die Vorlesungen auch ganz ungestört durchführen konnte und irgendwelche Einwendungen von der Partei nicht erfolgten, waren sich viele Leute nicht im klaren darüber, ob das nicht tatsächlich vielleicht eine Initiative wäre, die ganz offiziell von der SED ausgeht. Das Ganze hing auch damit zusammen, daß ich mit dem

Parteisekretär der Humboldt-Universität, Werner Tschoppe, befreundet war, der vollständig auf meiner Seite stand und nach oben hin immer so tat, als ob er überhaupt nichts bemerkt hätte, was ich mal wieder irgendwo gesagt hatte. Viele meiner Äußerungen und Bemerkungen wurden natürlich in der Universität unter den Studenten kolportiert, oft übertrieben oder verzerrt, und so konnte sich der Parteisekretär immer herausreden, daß es wahrscheinlich gar nicht so schlimm wäre und der Genosse Havemann vielleicht manchmal nicht so exakt mit seinen Formulierungen wäre, aber es nicht schlecht meinte.

Ich habe auch immer wieder zu aktuellen politischen Ereignissen Stellung genommen in der damaligen Zeit, zur Kuba-Krise und zum chinesischen Angriff gegen Indien. Es gab deswegen sogar diplomatische Demarchen von seiten der Chinesen gegen meinen Vortrag, aber im wesentlichen war ich immer durch die Partei gedeckt, bis zu dem berühmten Leipziger Vortrag von 1962, der auch in dem Buch «Dialektik ohne Dogma?»[1] abgedruckt ist. Der Vortrag wurde mit aller Entschiedenheit abgelehnt, man hatte auch vorher versucht, mich im Zentralkomitee überhaupt davon abzuhalten, einen solchen Vortrag zu halten. Ich hatte davon schon vorher ganz offen gesprochen. Der Vortrag fand statt, der Beifall von den anwesenden Naturwissenschaflern, die zahlenmäßig eine sehr starke Gruppe bildeten, war überwältigend. Um so eisiger war das Schweigen der Philosophen und ihre Wut, die sich dann in einer Reihe von unglaublichen Angriffen gegen mich austobte. «Agent des ausländischen Geheimdienstes» war eine schnell herbeizitierte Floskel, «Verräter» natürlich usw. Das Gebell von diesen ideologischen Wachhunden machte mich natürlich in keiner Weise unsicher, im Gegenteil, es freute mich. Herr Harig, ein alter Leipziger Professor, hatte die Aufgabe, den Bericht über diese Konferenz herauszugeben und weigerte sich natürlich, meinen Beitrag abzudrucken. Aber ich ließ ihn vervielfältigen und verschickte ihn in hundert oder mehr Exemplaren in alle Himmelsrichtungen, in die DDR und ins Ausland. Ich bekam zahlreiche außerordent-

1 Robert Havemann: *Dialektik ohne Dogma?*, Reinbek 1964 (rororo 683).

lich freundliche Zuschriften von vielen Leuten, teilweise auch von solchen, bei denen ich es gar nicht erwartet hätte. Diese Antworten und Zuschriften vereinigte ich wieder zu Auszügen, das wurde noch mal vervielfältigt und noch einmal all den Leuten vorgehalten, die sich am meisten über mich aufgeregt hatten.

So begann schließlich das Jahr 1963, in dem ich die letzten großen Vorlesungen hielt, die den endgültigen Bruch mit der Partei herbeiführten; sie wurden offiziell angekündigt im Vorlesungsverzeichnis der Humboldt-Universität, also ganz reguläre freie Vorlesungen mit dem Thema «Naturwissenschaftliche Aspekte philosophischer Probleme».

Meine letzte Vorlesung wurde sogar von der DEFA gefilmt. Das Foto, das auf dem Buch «Dialektik ohne Dogma?» abgebildet ist, ist ein Foto von dieser letzten Vorlesung, die übrigens in dem Buch nicht abgedruckt ist.

Die letzte Vorlesung heißt «Über die Ungleichheit der Menschen» und wurde später von den «Frankfurter Heften» veröffentlicht. In Übersetzungen, die im Ausland erschienen sind, ist sie auch enthalten. Der Anlaß zu der Filmaufnahme war – das war aber eher ein Vorwand –, daß eine Gruppe von Dokumentarfilmleuten den sogenannten Chemikerball, der sehr bekannt war an der Universität, aufnehmen wollte. Der Chemikerball sollte einige Tage später stattfinden. Die Filmleute hatten sich das so überlegt: Sie wollten gern ihren Film beginnen lassen mit einer großen Vorlesung, in der der Professor noch ein paar Worte zum Schluß sagt und alle rausgehen. Nachdem der Chemikerball abgelaufen war mit all seinen Turbulenzen, sollte das letzte Bild dieses Dokumentarfilmes darin bestehen, daß man sieht, wie die Studenten wieder alle in den Hörsaal hineinströmten, um sich wieder der Wissenschaft zuzuwenden. Zu diesem Zweck sollten meine Hörer, weil sie ja wirklich die zahlreichsten und stürmischsten Hörer waren, gefilmt werden.

Dazu passierte dann folgendes: Nachdem alle Lampen aufgestellt waren und der Raum für die Filmaufnahmen verdunkelt worden war und die Filmkamera und Mikrofone postiert usw., wurden die Anwesenden, dicht im Hörsaal gedrängt zusammensitzende Leute, aufgefordert – auch von mir –, noch einmal ganz diszipliniert den Hörsaal zu verlassen, um dann, möglichst ohne sich zu streiten, wieder hereinzukommen. Das sollte gefilmt werden, es wurde ihnen erklärt, warum usw., und sie haben es tatsächlich gemacht. Sie sind alle, bis der Hörsaal ganz leer war, hinausgegangen – draußen war ja das große Treppenhaus, wo sie sich dann wahrscheinlich bis auf die Straße hinunter aufgestellt haben –, dann wurde ein Signal gegeben, und sie durften alle hereinkommen, da wurde das Hereinkommen, das Hereinströmen in wüstem, schnellem Strom gefilmt. Anschließend wurde dann der Beginn der Vorlesung gefilmt, aber zu meiner Verwunderung nicht bloß der Beginn, sondern die ganze Vorlesung, und zum Schluß, als unter großem Beifall die Vorlesung zu Ende war, wurde wieder das Herausströmen der Hörer gefilmt. Was ganz natürlich wirkte.

Aber inzwischen waren die Drähte, die Telefondrähte zwischen Universität und Staatssicherheit in Weißglut geraten. Kaum hatten die Leute ihre Filmkamera zugemacht, da kam schon die Stasi und beschlagnahmte die Filmrollen, die Leute wurden alle zu Verhören abgeholt, es war eine Katastrophe erster Klasse. Sie mußten sich mit großer Mühe wieder rausreden, diese netten Menschen, die diesen Film aufgenommen haben. Der Film soll noch existieren, soll tatsächlich in irgendeinem Giftschrank, ich weiß nicht bei welcher Behörde, wahrscheinlich bei der Stasi oder auch bei der DEFA, schmoren. Die nächste Vorlesung für das nächste Semester mit dem gleichen Thema war schon im Vorlesungsverzeichnis abgedruckt. Aber inzwischen wurde ich fristlos entlassen, und so konnte ich die Vorlesung nicht halten. Bis zum letzten Moment war das alles vollständig legal und vollkommen normal, den Universitätsnormen entsprechend.

Eigentlich rechnete ich im Frühjahr 1964 nicht mehr mit meinem Parteiausschluß. Meine Vorlesungen waren zwar auf einem Plenum des ZK kurz nach Beendigung des Winterhalbjahrs, des Studienjahres 1963/1964, scharf verurteilt und anschließend waren in verschiedenen Parteiversammlungen schwere Vorwürfe gegen mich erhoben worden, nicht von Mitgliedern meiner Grundorganisation, sondern eben von Mitgliedern der Bezirksleitung und des Zentralkomitees. Auch hatte eine Aktivtagung der Humboldt-Universitätspartei stattgefunden, wo eine ganze Reihe von schärfsten Angriffen gegen mich geführt wurde, insbesondere eine über fünfstündige Rede von Kurt Hager, der mit meinen revisionistischen Ansichten abrechnete. Aber ich hatte bei den Chemikern fast sämtliche Mitglieder meiner Grundorganisation der Partei hinter mir. Sie verteidigten mich und bestritten die gegen mich erhobenen Vorwürfe. Es gab eine Versammlung mit Kurt Hager, bei der nicht ich, sondern junge Studenten und Assistenten Kurt Hager klipp und klar bewiesen, daß alle Behauptungen, die er bezüglich meiner Ansichten aufgestellt hatte, einfach nicht wahr waren, nicht zutrafen und deswegen gar nicht diskutiert werden könnten. Mir schien es so, als ob der Versuch der Partei, mich mit den normalen Mitteln der Parteiverfahren und der Parteikritik auszuschließen, ziemlich aussichtslos war. Darum war ich auch überrascht, als ich plötzlich noch während einer Sitzung bei der Akademie der Wissenschaften aufgefordert wurde, sofort zur Universitätsparteileitung in die Universität zu kommen.

Ich ließ die Leute ruhig warten und blieb bis zum Schluß meiner Sitzung in der Akademie. Als ich in die Universität kam, traf ich alle Mitglieder der Universitätsparteileitung an, zwanzig bis fünfundzwanzig Leute etwa, die sich schon ziemlich gelangweilt hatten, aber eisern auf mich warten mußten. Was war geschehen? Ohne mein Wissen war in einer Hamburger Zeitung ein Interview mit mir erschienen, mit direkten Fragen und meinen Antworten. Karl-Heinz Neß * hatte es im «Hamburger Echo» veröffentlicht, der mich einige Tage vorher in meinem Institut besucht hatte und der sich mit mir über einige Fragen unterhalten wollte. Dieses Interview wurde zum Anlaß genommen, um meinen sofortigen Ausschluß aus der Partei zu beschließen. Alle Mitglieder der Parteileitung bis auf eines, nämlich Professor Wolfgang Heise, stimmten für meinen Parteiausschluß. Ich wurde zunächst mal dort, ohne Befragung meiner Grundorganisation und ohne, daß ein Parteiverfahren gegen mich eröffnet worden war, widerrechtlich und gegen die Statu-

---

* An dieser Stelle haben wir einen Irrtum und eine diskriminierende Vermutung von Prof. Havemann über das Gespräch mit Dr. Neß vom 6. März 1964 gestrichen, deren Unhaltbarkeit nachgewiesen ist. (Der Verlag)

18

ten aus der Partei ausgeschlossen. Wenig später wurde ich auf ebenso formlose und widerrechtliche Weise fristlos aus meiner Stellung als Direktor des Physikalisch-chemischen Instituts und als Professor an der Humboldt-Universität entlassen. Allerdings wurde dieser Beschluß, der völlig übereilt und unüberlegt erfolgt war, dann doch noch in der Hinsicht revidiert, als man den Schein eines ordnungsgemäßen Disziplinarverfahrens für notwendig hielt, das dann natürlich zum gleichen Ergebnis kam.

Nach meinem Ausschluß aus der Partei ging eine unglaubliche Gehirnwäsche aller Mitglieder in der chemischen Grundorganisation los. In stundenlangen «Einzelgesprächen» wurden sie, einer nach dem anderen, durchgeknetet und weichgemacht. Manche kamen dann auch zu mir – manche wagten das nicht mehr –, um sich über die fiesen Methoden zu beklagen, die bei ihnen angewendet worden waren. Man drohte mit Auflösung der ganzen Grundorganisation. Es war ein ungeheurer Kraftakt der Parteiidioten gegen die friedlichen Wirkungen, die ich da hinterlassen hatte.

Immer wieder wurde für den Parteiausschluß dieses idiotische Interview als Begründung angeführt. Die Partei hatte eben nicht den Mut, mir gegenüber die wahren Gründe für ihre Empörung zu äußern. Sie riskierte es nicht, einfach zu sagen: «Weil du in deinen Vorlesungen dies und das gesagt hast, schließen wir dich aus!» Sie mußte fadenscheinige, unwahre und lächerliche Argumente heranzitieren, um ihre schmähliche Handlungsweise zu rechtfertigen. Durch ihr Verfahren, durch die Art und Weise wie sie meinen Ausschluß und auch meine fristlose Entlassung aus der Humboldt-Universität durchführte, dokumentierte sie das schlechte Gewissen, das sie hatte, weil sie nicht den Mut gehabt hatte, mir die Wahrheit zu sagen.

Das ist überhaupt typisch für dieses System: Es hat nicht den Mut zu erklären, was es will, was es getan hat, und was es tut. Deswegen bekommt man auch für keine der Willkürhandlungen und -entscheidungen irgendeine schriftliche Mitteilung. Das geht mir bis heute so. Selbst das Kreisgericht in Fürstenwalde, das dieses idiotische Urteil über meinen Hausarrest gefällt hat, hat es nicht gewagt, mir ein Schriftstück über diese Verurteilung auszuhändigen. Ich durfte einmal, nachdem das Urteil rechtskräftig, wie sie es nennen, geworden war, einen Blick darauf werfen. Es wurde aber dann sofort wieder weggenommen. Keiner der Anwesenden hatte je einen Brief in der Angelegenheit geschrieben, der Herr Staatsanwalt war oft bei mir, aber niemals mit irgendeiner Art von Papier. Es gibt keine schriftliche Dokumentation über das Unrecht, das sie mir zugefügt haben. Das ist ganz einfach so, weil sie sich schämen würden, wenn die Weltöffentlichkeit, überhaupt die Öffentlichkeit, oder irgend jemand handgreifliche Beweise für ihre unglaublichen Handlungen in die Hände bekäme.

Man hatte mich zwar fristlos aus der Humboldt-Universität entlassen, aber man war so großzügig, mir die Arbeitsstelle für Fotochemie bei der Akademie der Wissenschaften zu belassen und mich offiziell zum dortigen Leiter einzusetzen. Ich war zwar schon vorher der Leiter gewesen, aber ohne Vertrag und ohne Entgelt. Nun bekam ich dort mein Gehalt, zwar nicht in der Höhe wie als Universitätsprofessor, aber es war doch genug. Es wurde mir sogar versprochen, daß man mein Gehalt wieder auf die ursprüngliche Höhe erhöhen würde, wenn die Regierung es genehmigen würde. Diese Arbeitsstelle für Fotochemie sollte eigentlich das Embryonalstadium eines größeren Instituts für Fotochemie bei der Akademie der Wissenschaften werden. Ich hatte zahlreiche Mitarbeiter gewonnen und ein großes Arbeitsprogramm entworfen, das auch bis dahin in jeder Hinsicht gefördert worden war. Aber nun war es damit zu Ende. Schon im ersten Jahr zeigte sich, daß die finanziellen Mittel für unsere Arbeitsstelle reduziert wurden, daß die Zahl der zulässigen Forschungsthemen herabgesetzt wurde, daß man in jeder Weise bemüht war, auch meine wissenschaftliche Tätigkeit unter wachsenden Druck zu setzen. Die Partei begann mit einem sich ständig verschärfenden Krieg gegen mich. Als ich dann im Dezember 1965 meinen Artikel im «Spiegel» veröffentlichte, in dem ich vorschlug, eine neue Kommunistische Partei in der Bundesrepublik zu gründen[2], nahm man das zum Anlaß, sich

2 Robert Havemann: *Die Partei ist kein Gespenst. Plädoyer für eine neue KPD*, in: «Der Spiegel» Nr. 52/1965; siehe unten, S. 133.

endgültig von mir zu trennen. Ich wurde vor Herrn Klare zitiert, der jetzt Präsident der Akademie der Wissenschaften der DDR ist, damals war er Leiter der Adlershofer Forschungsinstitute. Obwohl der Mann meinen Artikel gar nicht gelesen hatte, erklärte er, ich hätte in diesem Artikel die Aufrechterhaltung des KPD-Verbots empfohlen und damit also einen unglaublichen Schaden verursacht. – Wem eigentlich? Ich habe, wie man ja weiß, das Gegenteil vorgeschlagen. Aus diesem Grunde sei ich fristlos zu entlassen und ich erhalte sofortiges Hausverbot für mein Institut in Adlershof.

In den Zeitungen der DDR war eine zweispaltige Erklärung des Parteivorstands der KPD abgedruckt worden, in dem diese unglaubliche Behauptung aufgestellt worden war: Ich hätte das Verbot der KPD in der Bundesrepublik gerechtfertigt und mit dem Bundesnachrichtendienst zusammengearbeitet, weiteren Geheimdiensten als Agent gedient und all das, was man an Beschimpfungen und Verleumdungen gegen einen Menschen überhaupt zusammenschmieren kann.[3] Daß man es wagen konnte, so eine Behauptung aufzustellen, obwohl wirklich doch jeder – besonders im Westen – nachlesen konnte, daß ich das Gegenteil davon gesagt hatte, das scheint mir heute noch ziemlich erstaunlich. Natürlich hat sich später niemand von der DKP, die meinen Vorschlägen entsprechend gegründet wurde, je an mich gewandt und gesagt: «Wir haben deinen Vorschlag von damals aufgenommen, oder wir hatten ihn sowieso schon vor, und es ärgerte uns, daß ausgerechnet du mit diesem Vorschlag kommen mußtest.» Wie auch immer es gewesen sein mag, niemals gab es irgendeine Äußerung dazu von dieser Seite. Ich hatte allerdings auch vorgeschlagen, daß die neu zu gründende Kommunistische Partei die Gelegenheit nutzen sollte und gründlich aus den Fehlern der vergangenen KPD lernen müßte. Aber das waren alles einfache Vorschläge für die innerparteiliche Diskussion der KPD. Ich hatte auch vorgeschlagen, man sollte sich die schwedische Partei zum Vorbild nehmen, die damals eine beson-

3 *Havemann will die KPD spalten, Erklärung des Politbüros des Zentralkomitees der KPD*, in: «Neues Deutschland» v. 21. Dez. 1965; siehe unten, S. 141.

ders demokratische Parteistruktur entwickelt hatte. Aber um all das ging es nicht, es ging darum, mich im höchsten Maße politisch unter Druck zu setzen, um die Wirksamkeit meiner Ideen, die sich offenbar immer weiter ausbreiteten, zu bekämpfen.

Im Frühjahr 1966 folgte dann mein Ausschluß aus der Akademie, auch ein unglaublicher Vorgang. Der Antrag auf Ausschluß, den das Präsidium gestellt hatte, fand im Plenum der Akademie nicht die erforderliche Mehrheit, wurde also abgelehnt. Damit war meine Mitgliedschaft zunächst gesichert. Eine Woche später aber wurde mir mitgeteilt, daß das Präsidium der Akademie auf Grund einer Empfehlung oder etwas Ähnlichem beschlossen hätte, mich aus den Listen der Akademie zu streichen. Gleichzeitig wurde mir auch für sämtliche Einrichtungen der Akademie – einschließlich der Gebäude der Zentrale – Hausverbot erteilt, so daß ich mich auch nicht mehr hätte mündlich oder persönlich an irgendein Mitglied der Akademie oder an den Präsidenten Hartke wenden konnte. Dieser Hartke war übrigens eine sehr eigenartige Person. Sein Vater, ein alter Sozialdemokrat, war Mitglied unserer Widerstandsgruppe «Europäische Union» gewesen. Damals hatten wir noch keine Ahnung, daß er einen Sohn hatte. Er hatte uns diesen Sohn verschwiegen, weil er sich seiner wohlweislich schämte. Dieser Sohn war in den höchsten Rängen der Abwehr der Naziwehrmacht tätig und Mitglied im Reichssicherheitshauptamt. Er war ein sogenannter NS-Führungsoffizier in einer Dienststelle der Abwehr und Mitglied im Reichssicherheitshauptamt, d. h. der Behörde, zu der auch die Gestapo als eine Unterabteilung gehörte. Natürlich war er langjähriges Mitglied der Nazipartei gewesen und jetzt Präsident der Akademie der Wissenschaften in Berlin. Dieser Bursche hatte die Stirn, mich aus der Akademie auszuschließen, jemand, der nichts weiter geleistet hatte, als ein Buch über die «Spätrömischen Kinderkaiser» zu schreiben, das er schon während der Nazizeit (1940) verfaßt hatte.

In dieser Zeit und später haben mir einige bedeutende Wissenschaftler der DDR geholfen, nachdem ich fristlos in Adlershof bei der Akademie der Wissenschaften entlassen worden war und dann auch noch sehr viele Unkosten wegen meiner Scheidung hatte. Es war ja ganz unsicher, wie ich überhaupt materiell diesen Schlag aushalten könnte. Es hat sich dann aber doch gezeigt, daß es gar nicht so schlimm war, daß man ganz gut durchkommen kann, wenn man sich nur Mühe gibt.

Einen umfangreichen Briefwechsel hatte ich nach meinem Parteiausschluß und dem Berufsverbot nicht. Anfänglich bekam ich noch öfter Briefe von verschiedenen Freunden, besonders aus dem Ausland und Westdeutschland, aber innerhalb der DDR war das für die betreffenden Briefschreiber zu riskant. Ich habe zwar immer wieder Briefe, auch mit voller Unterschrift, von Leuten bekommen, die ich gar nicht kannte, die mir ihre Solidarität bekundeten, aber die meisten Leute, die mit mir gut befreundet waren, also mir jedenfalls sehr freundlich gesinnt waren, mußten sehr vorsichtig sein und haben natürlich einen Briefwechsel, der gegen sie verwertet werden könnte, vermieden.

Im Jahre 1964, als meine Vorlesungen unter dem Titel «Dialektik ohne Dogma?» veröffentlicht wurden, erschien auch Wolf Biermanns «Drahtharfe» im Wagenbach-Verlag. Damit wurde auch er zum Gegenstand scharfer Parteikritik. Allerdings machte die Partei noch mal einen Versuch mit ihm und gestattete ihm, in Berlin im Kabarett «Die Distel» mit vier Liedern aufzutreten. Mit Wolf bin ich nun seit fast zwanzig Jahren befreundet. Unsere Freundschaft bedeutet für mich sehr viel, und ich muß sagen, ich verdanke ihr auch, daß ich mich niemals – auch nur im geringsten – habe von meiner Position abbringen lassen, auch wenn es nicht immer ganz einfach war. Eigentlich bis zu der berühmten Erklärung gegen die Ausweisung Biermanns hat sich kein einziger bürgerlicher Intellektueller der DDR offen und öffentlich für Biermann oder für unsere Position oder überhaupt für eine unzweideutige Kritik an der Politik der SED geäußert. All diese Leute, viele sehr sympathische, auch intelligente und künstlerisch hochbegabte Leute, wagten es nicht, ebenso wie Wolf aufzutreten und neben ihn zu treten, weil sie das Berufsverbot fürchteten, daß an ihm für alle sichtbar ausgeübt wurde. Sie versuchten, durch die Art und Weise, wie sie ihre Bücher, ihre Gedichte, Romane und sonstiges verfaßten und schrieben, vor der Kritik der Partei wie unter einem warmen Regen davonzukommen, gerade noch zulässig zu bleiben und die Rolle eines ideologischen Ventils der Opposition in der DDR anzubieten. Im Grunde waren sie fast alle derselben Meinung wie wir und haben das auch dadurch gezeigt, daß sie mit uns regen Kontakt hatten und wir uns oft mit ihnen trafen. Besonders bei Wolfs Geburtstagsfeiern versammelte sich immer eine sehr große Anzahl von hundert oder mehr Literaten, Schriftstellern, Schauspielern und Künstlern aller Kategorien und feierten Wolfs Geburtstag. Er sang seine Lieder, und es war eine einzige große Identifizierung, eine einzige große Solidaritätsveranstaltung mit Wolf, was mich immer wieder glücklich machte und ihn auch. Natürlich hatte auch die Stasi von all diesen Dingen Kenntnis erhalten und alles getan, um die Leute einzuschüchtern, was ihnen bei einigen auch immer wieder gelungen ist.

Der große, entscheidende Wendepunkt in dieser Situation war dann die Erklärung der DDR-Schriftsteller zur Ausbürgerung Wolf Biermanns vom 17. 11. 1976, jener Erklärung von Sarah Kirsch, Christa Wolf, Volker Braun, Franz Fühmann, Stephan Hermlin, Stefan Heym, Günter Kunert, Heiner Müller, Rolf Schneider, Gerhard Wolf, Jurek Becker, Erich Arendt und der des Bildhauers Fritz Cremer. Sie hatten sich gegen die Ausbürgerung Wolf Biermanns ausgesprochen, die unter Mißachtung und Vergewaltigung der Gesetze der DDR während seiner Reise in die Bundesrepublik erfolgt war.

Ich glaube, es ist notwendig, auf die Widerrechtlichkeit dieser Ausbürgerung noch einmal hinzuweisen. Das entsprechende Gesetz, mit dem man diese Ausbürgerung begründete, besagt, daß Bürger der DDR nur dann ausgebürgert werden können, wenn sie ihren Wohnsitz oder Aufenthalt außerhalb der DDR haben oder wenn sie sich im Ausland befinden. Dieser Zusatz: «oder Aufenthalt außerhalb der DDR haben»[4], bedeutet, daß

---

4 Gesetz über die Staatsbürgerschaft der Deutschen Demokratischen Republik vom 20. 2. 1967:
§ 12 [Widerruf der Verleihung]
(1) Die Verleihung der Staatsbürgerschaft der Deutschen Demokratischen Republik kann widerrufen werden, wenn
a) der Bürger bei der Antragstellung falsche Angaben gemacht oder Tatsa-

auch solche Bürger der DDR, die *keinen dauernden Wohnsitz im Ausland* haben, d. h. ständig im Ausland ihren Wohnort wechseln – mal hier, mal dort wohnen –, ausgebürgert werden können. Der Vorsatz: «die ihren *Wohnsitz oder Aufenthalt außerhalb der DDR* haben» besagt, daß Bürger, die ihren *ständigen Wohnsitz in der DDR* haben und nur für kurze Reisen mehrmals ins Ausland fahren, mit Genehmigung der Regierung noch dazu, natürlich nicht ausgebürgert werden können. Man muß eben ihre Rückkehr abwarten und dann, falls sie irgendwelche Gesetze verletzt, nach Meinung der Behörden irgendwelche strafbaren Handlungen begangen haben, vor Gericht stellen. Diese Ausbürgerung war also widerrechtlich, ungesetzlich und auch wieder ein hinterhältiger Trick, den sich ein großer Staat mit schlechtem Gewissen zu leisten gestattet, der nicht zugeben will, daß er von Recht und Gesetz im Grunde wenig hält.

Der Erklärung gegen die Ausbürgerung Biermanns schlossen sich ja innerhalb von kurzer Zeit Hunderte von Leuten an, natürlich auch weniger bekannte, auch Studenten und junge Leute. Sofort setzte sich die Maschine der Staatssicherheit in Bewegung, die sehr viele dieser jüngeren Leute verhaftete und verhörte, aus ihren Stellungen entließ und in einer ganz widerlichen Weise verfolgte, weil sie für Biermann eingetreten waren. Zu denen, die sofort verhaftet wurden, gehörten auch meine Freunde Jürgen Fuchs, Gerulf Pannach und Christian Kunert

chen verschwiegen hat, die die Verleihung der Staatsbürgerschaft der Deutschen Demokratischen Republik ausgeschlossen hätten;
b) sich der Bürger der Staatsbürgerschaft der Deutschen Demokratischen Republik durch grobe Mißachtung der mit ihrer Verleihung übernommenen Verpflichtungen nicht würdig erweist.
(2) Der Widerruf ist innerhalb eines Zeitraumes von fünf Jahren nach der Verleihung der Staatsbürgerschaft der Deutschen Demokratischen Republik zulässig.
§ 13 [Aberkennung]
Die Staatsbürgerschaft der Deutschen Demokratischen Republik kann Bürgern, die ihren Wohnsitz oder Aufenthalt außerhalb der Deutschen Demokratischen Republik haben, wegen grober Verletzung der staatsbürgerlichen Pflichten aberkannt werden.
§ 14 Der Widerruf und die Aberkennung wirken nur gegen die Person, gegen die der Widerruf oder die Aberkennung ausgesprochen wurde.

und einige junge Leute, die zum Freundeskreis meiner Tochter Sybille in Jena gehört hatten.

Dann erschien die Polizei auch bei mir, um mich dem Kreisgericht Fürstenwalde vorzuführen. Dort war eine außerordentliche Gerichtsverhandlung, ein Schnellverfahren, beantragt. Man teilte mir mit, daß ich durch die Veröffentlichung meines Artikels im «Spiegel» in dem ich mich gleichfalls gegen die Ausbürgerung Biermanns geäußert und an die Parteiführung der DDR appelliert hatte, diesen Beschluß rückgängig zu machen, die öffentliche Ruhe und Ordnung in der DDR gefährdet hätte. Aus diesem Grunde wurde beschlossen, daß ich mein Grundstück in Grünheide nicht verlassen dürfe. Man hatte mir gerichtlich ein absolutes Ausgehverbot erteilt, und ich durfte mich nicht von meinem Grundstück entfernen.

Ich wurde dann zurückgebracht. Vor meiner Haustür stand bereits die Polizei. Die Polizisten wollten sogar auf meinem Grundstück herumlaufen, weil ja in einem Häuschen, das auf unserem Grundstück steht, noch die Familie Fuchs wohnte. Mit denen durfte ich auch nicht in Kontakt sein, wie man mir verkündet hatte. Das ließ sich natürlich alles nicht so durchführen. Das Urteil war eigentlich noch gar nicht rechtskräftig, was ich in diesem Moment gar nicht richtig begriffen hatte. All diese Polizeimaßnahmen hätten eigentlich nicht begonnen werden dürfen.

Ich wandte mich sofort an den mir befreundeten Rechtsanwalt Götz Berger, einen ehemaligen Spanienkämpfer und alten Kommunisten, mit der Bitte, gegen das Urteil Revision einzulegen. Götz besuchte mich, und am gleichen Tag – während Götz hier bei mir war – erschien ein Vertreter des Generalstaatsanwalts der DDR, um mir mitzuteilen, daß der Generalstaatsanwalt darauf verzichten wollte, das Urteil des Kreisgerichts zu vollstrecken, wenn ich mich verpflichtete, keinerlei Kontakte mit ausländischen Stellen und Einrichtungen aufzunehmen, deren Tätigkeit gegen die DDR gerichtet wäre. Ich fragte daraufhin den Staatsanwaltsvertreter, ob er unter diesen Stellen auch solche verstünde, die als Journalisten und Büros offiziell mit Genehmigung der Regierung der DDR tätig wären, ob ich beispielsweise nach seiner Meinung auch mit Herrn Lothar Loewe, dem Vertreter der ARD, nicht in Kontakt treten dürfte. Der

Herr Staatsanwaltsvertreter erklärte, er könnte hierauf keine Antwort erteilen. Es gab dann noch einen Disput zwischen dem Staatsanwaltsvertreter und Götz Berger, die sich persönlich kannten. Es war ihm offenbar sehr peinlich, diesem Herrn Staatsanwaltsvertreter, daß Götz Berger hier bei mir war und Zeuge dieser merkwürdigen Mitteilung geworden war.

Er ging dann wieder, und Götz Berger und ich arbeiteten zusammen die Schrift aus, mit der Einspruch gegen das Kreisgerichtsurteil erhoben wurde. Noch bevor überhaupt irgendein Termin für meine zweite Verhandlung, die Revisionsverhandlung, vor dem Bezirksgericht anberaumt war, wurde Götz Berger aus der Liste der Anwälte Berlins durch Verfügung des Ministers für Justiz gestrichen. Ein Verfahren, das einmalig ist in der Geschichte der Anwaltskammer, dem Berliner «Rechtsanwaltskollegium», wie sich die heutige Anwaltskammer nennt. Damit wurde praktisch gegen einen Anwalt ein Berufsverbot ausgesprochen.

Seit jenen Novembertagen lebe ich nun mit meiner Familie hier draußen in Grünheide unter den sehr merkwürdigen Bedingungen, die sich ein krankhaftes Gehirn ausgedacht haben mag. Der Zweck der Übung ist sicherlich nicht, irgendwelche Ermittlungen gegen mich durchzuführen, denn was über mich zu wissen ist oder was man brauchen könnte, um gegen mich vorzugehen, da bedarf es keiner weiteren neuen Erkenntnisse. Der Sinn der Sache ist ganz offensichtlich: Mir die DDR zu verekeln, mich hier rauszuekeln und rauszutreiben: man will mich loswerden. Man will, daß ich auch den Weg der anderen gehe, es vorziehe, meine Zelte abzubrechen und mein Heil im Westen zu versuchen. Das geschieht nun seit über achtzehn Monaten und jährt sich nun im November 1978 zum zweitenmal. Ein Ende ist nicht abzusehen.

Was sind die wesentlichen Bedingungen des jetzigen «Verfahrens»? Alles beruft sich auf dieses merkwürdige Urteil des Kreisgerichts in Fürstenwalde, das eben dann gnädigst teilweise dadurch aufgehoben wird, daß ich mein Grundstück doch verlassen darf, wenn auch nur in beschränktem Maße, daß ich unbeschränkt – von Ausnahmen abgesehen – nach Berlin fahren kann, sofern ich mich dort nicht in meiner Wohnung oder auch in

Wohnungen anderer Leute mit irgendwelchen «Westlern», also Leuten aus Westdeutschland, Westberlin oder dem westlichen Ausland, treffen will. Geschieht das, dann gerät die Maschinerie in Aufruhr: Es kann passieren, daß ich zur Strafe für mehrere Tage auf meinem Grundstück eingesperrt werde und ein Polizeiwagen vor meiner Tür steht, bis alle Maßnahmen ebenso willkürlich wieder aufgehoben werden. Weil man befürchtet, daß irgendwelche Leute mir – wie zu meinem Geburtstag – Glück wünschen oder vielleicht auch demonstrativ ihre Sympathie bekunden könnten, wird mir auch der Aufenthalt auf meinem Grundstück beschränkt. Der Polizeiwagen steht vor der Tür und wacht über jeden meiner Schritte. Das Grundstück ist umstellt. Von der Wasserseite her – wir haben ein Wassergrundstück – und auf den Nachbargrundstücken ist Polizei postiert, nachts mit kleinen Scheinwerfern. Auf der Straße direkt vor meinem Haus stehen an beiden Enden der Straße große LKWs und je ein Polizeifunkwagen. Darin sitzen Polizisten, die jeden kontrollieren, der hier hinein- oder herauswill, und nur Leute hereinlassen, die hier wohnen, und von Besuchern, die hier hereinwollen nur die direkten Anverwandten. Eine Ausnahme sind der Pfarrer von Grünheide mit seiner Familie und ebenso die Frau des uns gegenüber wohnenden Zahnarztes. Sie dürfen aus unerfindlichen Gründen zu mir kommen und mich besuchen.

Wenn ich nach Berlin fahre oder überhaupt von meinem Grundstück wegfahre, werde ich sofort von einem Wagen, der schon in der Burgwallstraße postiert ist, verfolgt. Später setzen sich eine ganze Reihe von weiteren Fahrzeugen in Bewegung. Wenn ich allein fahre, sind es immer zwei bzw. drei Fahrzeuge, wenn ich mit meiner Frau zusammen fahre, sind es mindestens vier oder fünf oder auch sechs, die uns auf allen Fahrten, die wir machen, stets in einer langen Schlange verfolgen, besetzt mit zwei, drei und vier Personen. Der Aufwand ist gewaltig und erregt großes Aufsehen bei der Bevölkerung und Empörung. Sie sehen diese vielen jungen Leute – sie sind meistens fast noch Halbwüchsige oder ganz junge Nichtsnutze, die diesen Dienst zu machen haben –, und die Leute fragen sich: «Wozu, die können arbeiten, statt diesen Blödsinn zu tun!» Der Schrecken, der anfänglich vielleicht auf manche durch diese Maßnahmen ausgeübt wurde, ist inzwischen längst der Lächerlichkeit gewichen, in die der Staat durch diese kraftlose Kraftmeierei geraten ist. Zur Charakterisierung dieses Zustandes ist noch hinzuzufügen, daß ich, wenn ich mit meinem kleinen Motorboot hier auf dem See spazierenfahre, ständig von einem sehr schnellen Motorboot begleitet werde, das mir, mit mehreren Leuten besetzt, überallhin folgt. Das wirkt natürlich lächerlich auf die vielen Camper und Erholungssuchenden, die sich hier aufhalten. Außerdem werde ich dann auch noch am Ufer von «meinen Autos» beobachtet, die, je nachdem, wo ich mich mit dem Boot gerade befinde – mal hier, mal dort –, am Ufer oder auf Brücken auftauchen und auf mich warten, ängstlich besorgt, ich könnte irgendwo aus meinem Boot aussteigen und ihnen vielleicht mit einem bereitstehenden Wagen entkommen, der dort auf mich wartet.

Es ist wirklich ein unglaublich lächerlicher Vorgang und ausgesprochen sinnlos, weil der Zweck, der mit diesen Maßnahmen verfolgt wird, nicht erreicht werden kann. Ich denke ja gar nicht daran, die DDR zu verlassen, wo man wirklich auf Schritt und Tritt beobachten kann, wie das Regime allen Kredit verliert und schon verloren hat und es eigentlich nur noch weniger äußerer Anstöße und Ereignisse bedarf, um das Politbüro zum Teufel zu jagen.

II
Rückblick

«... ich wollte einfach zu den Leuten gehören, die sich politisch ohne jede Einschränkung entscheiden – ohne irgendwelche taktischen Manöver.»

Robert Havemann war – selten in der deutschen Geistesgeschichte – stets ein politisch engagierter Naturwissenschaftler. Was hat diese doppelte Leidenschaft entzündet? Warum wurde Havemann Kommunist und nicht – wie einige seiner Berufskollegen – Liberaler oder Sozialdemokrat. Welche Rolle spielt das im wesentlichen unpolitische Milieu einer naturwissenschaftlichen Laufbahn? Wie formte sich nach Hitlers Machtübernahme 1933 der Widerstand – wie erlebte der junge Naturwissenschaftler die neuen Staatsterroristen in Berlin?

Die Fragen

Wie wuchsen Sie auf?

Wurden Sie durch Ihre Familie oder Ihre Erziehung in irgendeiner Weise auf Ihren Weg zum Kommunismus vorbereitet? Oder begann die «Verhetzung» bereits im Elternhaus?

Wie kam es zu Ihrer Entscheidung, Chemie zu studieren?

Wer politisierte Sie? War nicht die Mehrzahl Ihrer Hochschullehrer und Mitstudenten unpolitisch?

Warum wurden Sie nicht Sozialdemokrat oder Liberaler, sondern Kommunist?

Wie erlebten Sie Hitlers Machtübernahme 1933?

Als ich 1910 geboren wurde, war mein Vater noch Student. Er schrieb in München gerade an seiner philosophischen Doktorarbeit. Meine Mutter, dreizehn Jahre älter als mein Vater, war eine Malerin, die in München Malerei studierte und auf meine ganze Entwicklung einen großen Einfluß genommen hat. Trotzdem kann man nicht sagen, daß mich irgend etwas im Elternhaus auf den Weg zum Kommunismus vorbereitet hätte; ausgenommen vielleicht die schon frühe Auseinandersetzung mit der widerlichen Erscheinung des Antisemitismus in Deutschland. Als der Erste Weltkrieg ausbrach, war ich vier Jahre alt, und meine Eltern steckten meinen Bruder und mich in Spielzeuguniformen. Die Eltern waren also ebenso «national» gesinnt wie die anderen deutschen Bürgerfamilien. Mein Vater war damals Lehrer in Haubinda an einem Landerziehungsheim der Lietz-Stiftung. Er war kein besonders erfolgreicher Lehrer. Aber das war für uns Kinder auch nicht wichtig. Ich entwickelte in dieser ländlichen Umgebung des thüringischen Landerziehungsheimes schon sehr früh ein großes Interesse für die Natur und alle Naturerscheinungen, für Pflanzen und Tiere; und wahrscheinlich hat das zu meiner späteren Entwicklung zum Naturwissenschaftler entscheidend beigetragen.

Im Jahre 1919 zogen wir nach Hannover, wo mein Vater eine Lehrerstelle an einer Oberrealschule antrat. Ich ging in die Sexta des dortigen Realgymnasiums, lernte Latein, Griechisch nicht – Gott sei Dank, obwohl ich nachträglich bedaure, es nicht gelernt zu haben, aber ich mußte mich damals nicht damit abquälen. Meine Interessen waren zu der Zeit schon sehr stark naturwissenschaftlich orientiert. Dazu trug auch mein Großvater bei, ein alter adliger Oberst von Schönfeld, der selber Privatgelehrter war: ein Sammler von Käfern und Diatomeen. Er hatte Mikroskope und Briefmarken und Sammlungen von Schmetterlingen und alle möglichen herrlichen Sachen. Seine Villa in Eisenach war für mich irgendwie ein Haus von unendlichen, phantastischen Wundern.

Als neunjähriger Anfänger im Gymnasium begann ich mich zuerst für Geographie zu interessieren. Zusammen mit Freunden – Kindern eines Brauereiarbeiters – malte ich auf Packpapier riesige Landkarten der ganzen Welt: sämtliche Erdteile mit unendlich vielen Straßen und Flüssen und Bergen. So ging es der Reihe nach durch verschiedene andere Wissenschaften.

Die nächste Hauptwissenschaft, der ich mich mit Leidenschaft widmete, war die Vorgeschichte – die prähistorischen Funde der Urmenschen, die Steinbeile, die großen Gemälde in den Höhlen und Grotten. Ich hatte dicke Bücher dafür bekommen und wurde ein richtiger Fachmann auf dem Gebiet. Ein Dozent für Anthropologie und Vorgeschichte an der Technischen Hochschule in Hannover, den meine Eltern kannten, geriet sogar in Erstaunen über meine Fachkenntnisse, die ich mit zehn oder elf Jahren schon hatte.

In diesem Alter begann ich auch, mich mit der Biologie zu beschäftigen. Von meinem Großvater hatte ich ein altes Mikroskop geschenkt bekommen, mit dem ich den moddrigen Inhalt von Tümpeln nach Kleintieren, Amöben, kleinen Wasserkrebsen und sonstigen Lebewesen aller Art untersuchte. Auf den Fensterbrettern meines Kinderzimmers standen immer mehrere Marmeladen- und Einmachgläser, gefüllt mit Pflanzen und dunkeltrüber Flüssigkeit, die ich aus den Tümpeln der Umgebung geholt hatte und in denen sich eine ungeheure Welt des Lebens und des Wunders tummelte, die ich mit meinem Mikroskop untersuchte. Nachdem ich mich mit dieser Welt eingehend vertraut gemacht hatte, immer unter Zuhilfenahme von Büchern, war die nächste Wissenschaft die Physik, zuerst die Optik. Das hing zusammen mit dem kleinen Projektionsapparat, den wir hatten. Später baute ich einen etwas größeren mit einer alten Lupenlinse als Projektionsobjektiv und malte dazu kleine Diapositive auf Glas.

Dann machten wir alle möglichen Experimente mit Optiken der verschiedensten Art und landeten bei der Elektrizitätslehre. Ich baute mir Widerstände, Regelwiderstände und hatte ein kleines Amperemeter. Für einen Freund, dessen Vater etwas mehr Geld hatte, baute ich einen ersten kleinen Radioapparat, einen Detektorempfänger, weil der das nicht konnte. Und ich baute mir eben diese Regelwiderstände, natürlich nicht mit richtigem Widerstandsdraht, der war zu teuer, sondern mit kleinen Tuschetöpfchen, in die Drähte eintauchten, und der Strom mußte dann durch das Wasser in den Tuschetöpfchen fließen. Das waren meine Widerstände, die gewöhnlich nach kurzem Betrieb schon anfingen zu kochen. Die Schalter machte ich aus alten Konservendosen, deren Blech aufgeschnitten wurde und die dann sehr schöne große Kippschalter abgaben. Ich war überhaupt immer sehr praktisch und erfindungsreich, wenn es galt, Probleme nicht mit üblichen Mitteln, sondern mit Methoden zu lösen, die man in der Not erfindet und entdeckt.

Später zogen wir nach Bielefeld. Mein Vater hatte inzwischen seine Stellung als Lehrer verloren, war gewissermaßen abgebaut worden, und so wurde er Feuilleton-Redakteur bei einer linksbürgerlichen Zeitung in Bielefeld, den «Westfälischen Neuesten Nachrichten». Da ging es uns dann besser. Mit meinem Bruder zusammen hatte ich ein schönes großes Kinderzimmer, in dem gebastelt und gebaut wurde, und da begann auch mein großes Interesse für die Chemie. Das wurde besonders durch einen Freund gefördert, dessen Vater ein reicher Industriemann war, der irgendwas mit Hemden und Kragen zu tun hatte und damit viel Geld verdiente. In dessen großer Villa wurde uns unter dem Dach ein chemisches Laboratorium eingerichtet. Es ist beinahe ein Wunder, daß diese Villa nicht abgebrannt ist, obwohl sie mehrmals in höchster Gefahr schwebte. Meist war ich dann dort oben tätig, denn mein Freund ist zwar später Chemieprofessor geworden wie ich, aber er war eben nicht so versessen auf diese Art von Experimenten. Mich interessierte damals wirklich nichts anderes als die Natur und die Naturwissenschaft.

Dagegen hielt ich von der Politik fast gar nichts. Ich war der Meinung, daß man das, was die Welt im Innersten zusammenhält, am besten durch die Untersuchung der Natur entdeckt. Letzten Endes, dachte ich mir, geht alles von Atomen aus, und wenn man was über die Atome weiß und wie sie sich verhalten, dann weiß man auch alles über die Welt. All das, was Menschen sich so über sich und die Art ihres Zusammenlebens denken, das ist – fand ich damals – mehr oder weniger ungenau, unzuverlässig und phantastisch.

Es dauerte ziemlich lange, bis ich anfing, die politischen Zusammenhänge mit derselben skeptischen Sachlichkeit zu betrachten, mit der ich mich der Naturwissenschaft zugewandt hatte. Dabei spielte die Gefahr des Antisemitismus eine große

Rolle. Meine Eltern hatten viele jüdische Freunde. Als Feuilleton-Redakteur lernte mein Vater natürlich die ganze Intelligenz- und Kultursphäre dieser Stadt kennen, und dadurch hatten wir viele interessante Bekannte. Da die Nazizeit ja schon ihre Schatten warf, taucht das Gespenst des Antisemitismus früh in meiner Vorstellungswelt auf. Sehr schnell, sehr früh habe ich begriffen, was für eine ekelhafte, widerliche, unmenschliche Erscheinung der Rassenhaß und die Rassenüberheblichkeit ist, überhaupt die ganze Art von biologischer Geltungssucht des Menschen. Und das war vielleicht das Wichtigste, was mir meine Eltern mitgaben: die vollständige, rücksichtslose und uneingeschränkte Verurteilung dieser entsetzlichen Erscheinung.

Als ich 1929 in München mit dem Studium der Chemie begann, war ich immer noch beinahe vollständig unpolitisch. Ich interessierte mich nur für meine Wissenschaft und war ein ziemlich ahnungsloser junger Mann von neunzehn Jahren. Allerdings hatte ich dort wieder genug Gelegenheit, den anwachsenden Antisemitismus kennenzulernen. Der von mir am meisten bewunderte Hochschullehrer war Kasimir Fajans, ein jüdischer Physikochemiker, denn längst war mein wissenschaftliches Hauptinteresse die physikalische Chemie geworden. Ich verkehrte in der Familie des Professors, denn der Sohn – Edgar Fajans – studierte mit mir im gleichen Semester Chemie. Auch andere Chemiestudenten, mit denen ich mich mehr und mehr befreundete, waren Juden. Ich hab mir die zwar nicht deswegen ausgesucht, weil sie Juden waren, aber wahrscheinlich wandte ich mich ihnen deshalb besonders zu, weil ich merkte, daß sie von den «arischen» Studenten, von beschränkten, reaktionären und langweiligen Leuten abgelehnt wurden.

Mit meinem jüdischen Freund Sommer war ich in München in einer Hitler-Veranstaltung im Löwenbräukeller. Es war für mich sehr eindrucksvoll zu erleben, wie raffiniert Hitlers Methoden und Verfahren der Volksaufhetzung waren. Bevor er redete, sprach irgendein anderer Nazi, und zwar furchtbar laut. Er schrie gräßlich, es war ein fürchterlicher Krach, die Biergläser klirrten, und man konnte ihn trotz seines Geschreis nur schwer verstehen. Und dann kam jemand, der sprach ganz leise, kaum hörbar. Das war Hitler. Durch dieses ganz leise Sprechen verschaffte er sich innerhalb von wenigen Minuten eine solche Stille, eine solche Ruhe im Saal, daß seine leisen Worte allmählich gehört wurden. Nun begann er lauter und lauter und in der üblichen Weise zu hetzen und zu reden.

München brachte mich nicht weit hinaus über die Ablehnung der Nazis wegen ihres Antisemitismus, wegen ihrer reaktionären Ansichten – aber die Kommunisten, die Linken blieben mir ebenfalls fremd. Meine Beziehung zu den Kommunisten entwickelte sich erst, als ich nach Berlin ging. Ich habe vier Semester in München studiert und bin 1931 dort weggegangen, um mein Studium in Berlin fortzusetzen. In Berlin bekam ich die menschlichen, die persönlichen Beziehungen, durch die ich Kommunist geworden bin. Und es war eine Frau, die mich am tiefsten beeindruckte: meine gute alte Freundin Elisabeth. Wir liebten uns, und sie gab mir den Anti-Dühring zu lesen. Ich konnte erst gar nichts damit anfangen, aber jede Nacht mußte ich den «Anti-Dühring» studieren, weil da so viel von Naturwissenschaften drin stand, von denen sie wieder nichts verstand. So fing ich an, mich plötzlich für eine Bewegung zu interessieren mit einem außerordentlichen geistigen Tiefgang. Das hatte ich überhaupt nicht geahnt, weil ich nur die sehr lauten politischen Manifeste und das Geschrei auf der Straße kannte. Nun war eine Frau da, die mir den Kommunismus beibrachte mit einem Buch von Friedrich Engels. Irgendwann bekam diese Beziehung zwar einen fürchterlichen Riß, aber das löste mich nicht aus meinem neugewonnenen politischen Halt, im Gegenteil. Gerade weil ich mit dieser Frau auseinanderkam, verbohrte ich mich um so mehr in die Frage der politischen Orientierung. Durch gemeinsame Freunde kam ich in die kommunistische Bewegung, in die Kommunistische Partei hinein. Und das von Anfang an auf eine sehr ungewöhnliche Weise, dadurch, daß ich in den Komintern-Apparat der sogenannten Abwehr eingebaut wurde.

Ich glaube, man kann verstehen, daß ich unter diesen Bedingungen nicht Sozialdemokrat oder Liberaler werden konnte. Innerhalb eines Jahres verwandelte ich mich von einem ziemlich unpolitischen, normalen wissenschaftsinteressierten jungen

Mann aus der Bürgerschicht in einen leidenschaftlich politisch engagierten Menschen. Alles Halbe schien mir ganz unmöglich. Ich kam gleich mit sehr radikalen linken Leuten zusammen, die eine scharfe Kritik an der damaligen Politik der Sozialdemokraten übten. Und ich wollte einfach zu den Leuten gehören, die sich politisch ohne jede Einschränkung entschieden – ohne irgendwelche taktischen Manöver. Für mich waren Kommunisten eben diejenigen, die rücksichtslos, bedingungslos und vollständig konsequent gegen den Kapitalismus kämpfen wollten und natürlich gegen die Nazis.

Noch immer war ich sehr naiv, und viele meiner Anfangspositionen habe ich später revidieren müssen. Andererseits konfrontierte mich diese Abwehr-Tätigkeit schon im Jahre 1933 mit einer Reihe nicht ganz einfacher Erlebnisse: Bei mir hatte zum Beispiel der bulgarische Genosse Wassili Taneff gewohnt. Er war von der Komintern in meiner Wohnung untergebracht worden, gerade in der Zeit, als der Reichstagsbrand stattfand. Dabei hatte ich keine Ahnung, wer bei mir wohnte; man hatte mir einfach einen ausländischen Genossen gebracht und gesagt: «So, sorg für den eine Weile, sonst hast du weiter keine Möglichkeiten, mit ihm zu reden, der spricht kein Wort Deutsch.» Also wurde für ihn gesorgt, bis er eines Tages nicht wiederkam. Später erschien eine Genossin und teilte mir mit, Taneff habe jetzt ausgesagt, daß er bei Havemann gewohnt hat, nachdem er das wochenlang bei den Verhören verschwiegen hatte. Ich mußte also damit rechnen, vor den Untersuchungsrichter zu kommen, und ich hatte selbst zu entscheiden, ob ich weggehen, untertauchen oder die ganze Sache durchstehen wollte. Ich entschied, die Sache abzuwarten. Schon am übernächsten Tag bekam ich eine Vorladung vor den Untersuchungsrichter beim Reichsgericht. Dort wurde mir ein großer Bogen mit hundert Fotos verschiedener Männer vorgelegt. Ich wurde gefragt: «Wer ist Ihnen von diesen Leuten bekannt?» Ohne Zögern tippte ich auf meinen Freund Taneff und sagte: «Ja, den Mann, den kenne ich, der hat bei mir gewohnt.» Ich erzählte lauter unglaubliche und fragwürdige Ausredegeschichten, die bestimmt auch vom Verhörer nicht geglaubt wurden, aber er fragte mich, wo denn «dieser Herr» an dem oder dem Tage gewesen sei. Es waren genau die Tage kurz vor und nach dem Reichstagsbrand. Ich sagte: «Ja, an die Zeit kann ich mich noch genau erinnern, da war er die ganze Zeit ununterbrochen bei mir in der Wohnung.» Und offenbar hat der Vernehmer mir geglaubt; er war wohl auch selbst der Meinung, daß diese Leute den Reichstag nicht angesteckt hatten. Und es war ihm klar, daß die Nazis, die Dimitroff, Popoff und Taneff wegen des Reichstagsbrandes anklagen wollten, mit meiner Zeugenaussage nichts anfangen konnten. Ich wurde einfach entlassen, mir passierte überhaupt nichts. Mir wurde nur gesagt, ich sollte unbedingt die Frau, die mich mit diesem gefährlichen Menschen in Verbindung gebracht hat, sofort von der Polizei festnehmen lassen. Ich habe von dieser ganzen Sache nie wieder etwas gehört, nicht einmal, als ich 1943 von der Gestapo über meine Vergangenheit verhört wurde. Selbst die Gestapo wußte von diesem meinem ersten Kontakt mit ihren eigenen Leuten nicht ein Wörtchen. Die Akten sind vernichtet worden.

Und dann Hitlers Machtübernahme: Im Kaiser-Wilhelm-Institut sagte ein jüdischer Assistent, Salomon, als die Zeitung mit der Liste der Hitler-Regierung am 30. Januar 1933 herauskam: «Von heute an liegt bei mir ‹Das Kapital› auf dem Nachttisch.» Das war die typische Äußerung eines Unpolitischen. Für uns, die wir aktiv und tätig waren, bedeutete die Machtübernahme den Beginn einer sofortigen Reinigungsaktion unserer Wohnung. Wir vernichteten viele Dokumente, Zeitschriften, Zeitungen und Bücher und bereiteten uns auf die Illegalität vor. Wir erlebten ja schon den Beginn der ersten wilden Orgien der SA gegen Kommunisten und andere Verdächtige. Ich verbrannte im riesigen Kanonenofen unseres Ateliers in der Bismarckstraße viele hundert Bücher, viele Schriften, viel Material, das heute hohen Wert hätte. Und nicht nur mein eigenes, sondern auch das von vielen Freunden. Jemand, der so einen wirksamen Ofen hatte wie ich, war damals sehr begehrt. Und wir haben Parteibücher eingemauert, Kacheln im Badezimmer losgeschlagen, Löcher gebohrt, Parteibücher reingesteckt, wieder zugemauert, die Kacheln wieder drauf gemacht. Vielleicht könnte man heute noch am Hohenzollerndamm, wo ich damals wohnte, in einem Badezimmer so etwas entdecken. Ich wohnte übrigens in dem

Haus der Familie Gingold, deren Tochter jetzt Schwierigkeiten hat, als junge Kommunistin in Westdeutschland als Lehrerin tätig zu sein – wegen dieser Schweinerei mit dem Berufsverbot.

III
Widerstand

«. . . ich glaube, daß mein Optimismus und meine Entschlossenheit, alles zu tun und alle, die mir helfen wollten, auch zu unterstützen, mir das Leben gerettet hat.»

*Schon 1933 wurde Robert Havemann Mitglied der Widerstands-
gruppe «Neu Beginnen». Im folgenden Kapitel beantwortet Havemann die Fragen nach der schwierigen Situation der jungen
Widerstandskämpfer im Dritten Reich, nach der gefährlichen
Doppelrolle eines kommunistischen Naturwissenschaftlers, der
1935 promovierte und sich 1943 sogar habilitieren konnte.*

Die Fragen

*1933 sind Sie Mitglied der Widerstandsgruppe «Neu Beginnen»
geworden. Wer war diese Gruppe, welche Politik verfolgte sie,
und wieso haben Sie sich gerade ihr angeschlossen? Wie lange
haben Sie in dieser Gruppe gearbeitet, wann löste sie sich auf, oder
wann wurde sie von der Gestapo zerschlagen?*

*Was hieß Widerstand in den ersten Jahren des Nazi-Regimes?
Wurden nicht diejenigen, die Widerstand leisteten, immer weniger, immer isolierter vom Volk?*

*Hatten die Widerstandskämpfer im Reich Verbindung zur Emi-
gration, und wie lief diese Verbindung praktisch ab?*

Wie wirkten auf Sie und Ihre Genossen die Erfolge der Nazis?

*Welches Sowjetunion-Bild hatten Sie zu Beginn der dreißiger
Jahre, und welche Rolle hat die Existenz der UdSSR für Ihren
Entschluß gespielt, Kommunist zu werden?*

*1936 begannen der Spanische Bürgerkrieg und die Moskauer
Prozesse gegen die alte Garde des Bolschewismus. Was bedeute-
ten beide Ereignisse für Sie und Ihre Genossen? Sagten Ihnen die
Namen Sinowjew, Kamenew usw. überhaupt noch etwas, schließlich traten Sie in die KPD ein, als sie schon Abweichler waren?*

*In Moskau fand 1935 der VII. Kominternkongreß statt; auf ihm
wurde die Volksfrontpolitik beschlossen, die KPD hat auf zwei
Exilkonferenzen 1935 und 1939 die Linie ihrer Politik festgelegt.
Welche Bedeutung hatten diese Ereignisse für die Meinungsbildung und die Politik des Kommunisten Havemann im Reich?*

*Sind Sie während der Jahre 1933 bis 1939 irgendwann einmal
Soldat geworden?*

Was empfanden Sie beim Abschluß des Hitler-Stalin-Paktes 1939, dem Bündnis der Todfeinde?

22. 6. 1941: Einmarsch in die Sowjetunion – und wieder siegte die Wehrmacht unaufhaltsam einen Sommer und Herbst. Wie analysieren Sie die Niederlagen der Roten Armee?

Warum gründeten Sie mit anderen 1938 die Widerstandsgruppe «Europäische Union», was haben Sie konkret getan, und wie lange bestand die Gruppe? Wer gehörte ihr an?

Was bedeutete Widerstand 1941 bis 1943 für Sie und die Gruppe «Europäische Union»? Hatten Sie zu anderen Widerstandsgruppen Kontakt?

1943 wurden die Mitglieder der Widerstandsgruppe «Europäische Union» verhaftet. Was war die Ursache für die Entdeckung?

Gestapohaft und Volksgerichtshof 1943 – Sie wußten, daß es für Sie nur eine Strafe gab: den Tod! Wie liefen Haft und Prozeß ab?

Was hieß es für Sie, als zum Tode Verurteilter zu leben? Wie bewältigten Sie die Angst und das Warten?

Wie kam es, daß Sie vom Heereswaffenamt für kriegswichtige Forschungen reklamiert wurden und einen Vollstreckungsaufschub bekamen? Hatten Sie diesen Weg schon vor Ihrer Verhaftung vorbereitet, und wie kam ein Kommunist zu solchen Verbindungen zum Heereswaffenamt 1943?

Welche Forschung haben Sie im Zuchthauslaboratorium Brandenburg betrieben, und wie sah Ihre Widerstandtätigkeit im Zuchthaus aus?

1935 haben Sie als Kommunist in Nazi-Deutschland Ihren Dr. phil. gemacht, und 1943 haben Sie sich sogar habilitiert. Wie verlief Ihre wissenschaftliche Karriere in Nazi-Deutschland?

Befreiung 1945 – Wie erlebten Sie sie? Könnten Sie sich daran erinnern, was die Politischen im Zuchthaus taten, um sich selbst zu befreien? Heinz Brandt hat diesen Augenblick als eine «Auferstehung» charakterisiert. Ist ein solcher Augenblick den Nachgeborenen überhaupt vermittelbar?

So erlebte ich das Jahr 1933, die Machtergreifung der Nazis. Und ich erlebte auch, wie sich nach und nach unsere Funktionen reduzierten. Der Apparat ging in die Illegalität. Leute wie ich, die noch ganz jung dazugekommen waren, verloren sehr bald den direkten Kontakt zur Gruppe und wurden an andere Gruppen weitergeleitet. Ich geriet auf diese Weise in eine neue Widerstandsgruppe; ich kannte sie noch gar nicht näher, es war die Gruppe «Neu Beginnen»[1]. Sie war damals noch nicht unter diesem Namen bekannt, und ich hatte überhaupt keine Kenntnis von den verschiedenen politischen Organisationen und Parteien, die es im Leben der SPD und KPD noch gab. All das lernte ich nun. Ich wurde überhaupt in den Jahren 1933/34 innerhalb dieser illegalen Widerstandsgruppe intensiv marxistisch geschult. Es war eine für mich sehr bedeutsame Zeit, auch durch manche menschlichen Enttäuschungen, nicht innerhalb der Gruppe, auch nicht unter Genossen, sondern mit anderen Menschen, mit denen ich damals befreundet war. Aber all das hat dazu beigetragen, mich in vielen Dingen sehr diszipliniert zu machen – was ich ursprünglich nicht war. Ich habe durch die illegale Arbeit eine entsetzliche Pünktlichkeit gelernt, die mich heute oft in Verlegenheit bringt, weil man mich für einen Pedanten hält, was Pünktlichkeit und Zuverlässigkeit angeht. Und daß absolute Zuverlässigkeit für mich eine so lebenswichtige Bedeutung bekommen hat, hängt zum Teil mit meinem naturwissenschaftlichen Beruf, zum Teil aber auch mit der illegalen Arbeit zusammen.

1 Die Gruppe «Neu Beginnen» entstand in den letzten Jahren der Weimarer Republik und verfolgte das Ziel, über die Organisierung der «besten Elemente» in den beiden großen Parteien der Arbeiterbewegung, SPD und KPD, eine Wiedervereinigung der sozialistischen Arbeiterbewegung zu erreichen. Die Gruppe arbeitete also bewußt und illegal in beiden Parteien; wer ihr beitreten wollte, mußte Mitglied einer der beiden Parteien sein. «Neu Beginnen» bereitete sich systematisch auf die Illegalität unter den Nazis vor. Die Gruppe errichtete in Prag ein Auslandssekretariat und veröffentlichte laufend Berichte über die Verhältnisse in Nazi-Deutschland. Sie sah es als eine ihrer wichtigsten Aufgaben an, die sozialistische und kommunistische Bewegung im Ausland vor Illusionen über Charakter und Stärke der Nazis zu warnen. Es gelang ihr bis 1935, teilweise bis 1936, die illegale Arbeit in Deutschland aufrechtzuerhalten.

Ich habe dann – politisch wie wissenschaftlich – eng mit meinem Freund Georg Groscurth[2] zusammengearbeitet, den ich im Kaiser-Wilhelm-Institut in Dahlem kennengelernt hatte. Wir zogen uns aus dem Institut zurück, das völlig in Nazihände geraten war. Ich wurde Stipendiat der Notgemeinschaft der Deutschen Wissenschaft; das waren auch Leute, die nicht mit den Nazis einverstanden waren. In einem Krankenhaus mit einem kleinen Laboratorium, das wir uns zusammengezimmert hatten, arbeitete ich über Hämoglobin und Blut und über alle möglichen medizinischen und physiologischen Probleme so lange, bis die Widerstandsgruppe, zu der ich gehörte, aufflog. Sehr viele sind damals eingesperrt worden, große Prozesse fanden statt, und ich blieb wie durch ein Wunder verschont.

Die Gruppe «Neu Beginnen» kritisierte scharf die Politik der KPD. Aber sie bemühte sich mehrmals, gerade im Jahr 1933 über ihre Kominternverbindungen mit den kommunistischen Parteien, auch mit der illegalen KPD, in Kontakt und zu Vereinbarungen zu kommen. Besonders nach dem VII. Weltkongreß[3]

2 Georg Groscurth, *27. 12. 1904, Unterhaun, Bezirk Kassel, 8. 5. 1944 hingerichtet im Zuchthaus Brandenburg; der Arzt Georg Groscurth arbeitete von 1932–1934 am Kaiser-Wilhelm-Institut für physikalische Chemie, von 1934 bis zu seiner Verhaftung 1943 als Arzt an der Medizinischen Universitätsklinik in Berlin, 1939 habilitierte er sich und wurde 1940 Dozent für innere Medizin an der Medizinischen Fakultät der Berliner Universität. Mit dem Architekten Herbert Richter-Luckian, dem Dentisten Paul Rentsch und Robert Havemann bildete er die Widerstandsgruppe «Europäische Union». In den Abhandlungen über diese Gruppe, die nach 1965 in der DDR erschienen sind, fehlt seit dieser Zeit der Name Robert Havemanns, während es in den «Letzten Briefen deutscher Widerstandskämpfer» («An die Lebenden», Vorwort Wilhelm Pieck) 1960 der letzte Satz der Vorbemerkung zu dem Abschiedsbrief von Georg Groscurth noch hieß: «Dr. Havemann erhielt einen Hinrichtungsaufschub und konnte durch die Sowjetarmee befreit werden.»
3 VII. Weltkongreß der Kommunistischen Internationale 1935 in Moskau: Kampf für den Frieden, Schutz der Sowjetunion und Einheitsfront «Volksfront» gegen den Faschismus, das waren die plakativen Losungen dieses letzten Komintern-Kongresses. Der Kongreß revidierte die Politik gegenüber der Sozialdemokratie und den Liberalen und verlangte von den Parteien der Komintern, nicht mehr wie bisher für die sozialistische Revolution zu kämpfen, sondern das Hauptgewicht auf den Kampf gegen den

war eine große Hoffnung vorhanden, daß eine Art Einheit des illegalen Widerstandes in Deutschland entstehen könnte. Aber die Zeit war offenbar sehr ungünstig für solche Bestrebungen, im wesentlichen deshalb, weil die KPD die Entwicklung des Faschismus von Anfang an sehr unterschätzt hatte und die Gefahren nicht klar voraussah. Noch 1934 hoffte man auf die Ablösung Hitlers durch eine Militärdiktatur und in diesem Zusammenhang auch auf neue Möglichkeiten für die KPD. Ich hatte ja nach dem Wunsch der Partei mal Offizier werden sollen, um in der Wehrmacht zu arbeiten – ein Plan, der schon für mich persönlich idiotisch gewesen wäre, denn ich hatte und habe eine derartige Aversion gegen Militär und Uniformen, daß so etwas mit Sicherheit schiefgegangen wäre. Ich habe auch niemals bei einer Armee gedient, niemals, weder im Dritten Reich noch später. Ich wurde während des Krieges wie es hieß u. k. gestellt. Wegen meiner wissenschaftlichen Arbeiten für das Heereswaffenamt, die mir später auch das Leben gerettet haben, wurde ich immer wieder vom Wehrdienst befreit. Während des Krieges auch. Einmal auf eine etwas illegale Weise. Aber ich bin davongekommen.

Das Sowjetunion-Bild, das wir in jener Zeit hatten, war im wesentlichen positiv. Die Vorwürfe wegen der stalinistischen Verbrechen hielten wir für reine Nazi- und Faschismuspropaganda: wir glaubten davon kein Wort. Und wir waren voller Hoffnung, daß die Sowjetunion die ungeheuren Schwierigkeiten, mit denen sie von Anfang an zu kämpfen gehabt hatte, schließlich doch überwinden und den Beweis antreten würde, daß Sozialismus und Kommunismus es dem Menschen ermöglichten, freier und auch in größerem Wohlstand zu leben als im Kapitalismus. Wir kannten den Kapitalismus ja aus einer Phase seines tiefsten, seines vollständigsten Versagens. Eben erst hatte die große Weltwirtschaftskrise mit mehr als vier Millionen Arbeitslosen in

Faschismus und die Verteidigung der bürgerlichen Demokratie zu legen, also keine «zu weitgehenden» Forderungen zu erheben. Auf dieser Linie kam es 1936 in Frankreich und besonders im republikanischen Spanien zu Volksfrontbündnissen, die von den Kommunisten bis zu den Liberalen reichten.

46

Deutschland und dem ungeheuren Zusammenbruch der Industrieproduktion stattgefunden, und jederzeit konnte so etwas wieder passieren. Dann sah man unter Hitler die riesige Aufrüstung und Kriegsvorbereitung. Alles das diskreditierte den Kapitalismus in den Augen aller Linken – auch der jüngeren, die radikal dachten – so vollständig, daß die Sowjetunion eben einfach unsere große Hoffnung war. Dies trotz aller Kritik an gewissen politischen Entscheidungen, die von KPD und KPdSU und anderen kommunistischen Parteien in der damaligen Zeit gefällt wurden. Der Hauptfeind war für uns der Faschismus, keineswegs der Stalinismus, denn er existierte für uns ja nur in der Form der antikommunistischen Hetze.

Als ich 1933 das Kaiser-Wilhelm-Institut verließ, war meine wissenschaftliche Arbeit, war meine Doktorarbeit praktisch beendet, d. h. die experimentellen Vorarbeiten waren abgeschlossen, und es ging nur noch darum, die Dissertation auszuarbeiten. Mein Doktorvater war ein Jude, Dr. Etisch, der später nach Portugal gegangen ist, zunächst aber noch mehrere Jahre in Deutschland blieb. Natürlich hatte der Doktorand eines jüdischen Doktorvaters schon ziemliche Schwierigkeiten, aber es gelang uns, diese Arbeit schließlich doch bei der Berliner Fakultät loszuwerden, so daß ich im Alter von fünfundzwanzig Jahren meine Prüfung machen konnte.

Nachdem ich eine ganze Weile zusammen mit Groscurth wissenschaftlich gearbeitet hatte, bin ich 1937/38 als wissenschaftlicher Assistent in das Pharmakologische Institut eingetreten. Ich war dort gewissermaßen der Physiochemiker vom Dienst und habe einerseits viel gelernt über medizinische Fragen, über Hämoglobin, Eiweißchemie und die physikalische Chemie der Eiweißstoffe. Andererseits habe ich in jener Zeit etwa 50 wissenschaftliche Publikationen veröffentlichen können, so daß ich schließlich aufgefordert wurde, doch eine Habilitationsschrift zu verfassen, und das habe ich dann auch getan. Die Arbeit wurde sogar durch den Obernazi des Instituts gefördert, einen sehr unangenehmen Mann. Als ich Anfang 1943 meine Habilitation mit Erfolg vor der Berliner Fakultät absolviert hatte, wurde ich aufgefordert, nun auch Vorlesungen zu halten, d. h. Dozent zu werden. Das waren ja damals zwei Sachen: Dr. habil. – damit erwarb man sich das Recht, eine Dozentur zu beantragen. Und dann hätte man mit dem Hitlergruß vor die Studenten hintreten müssen. Ich habe niemals um eine Dozentur nachgesucht, ich habe im Dritten Reich auch keine Vorlesungen gehalten. Und alle Versuche, mich politisch doch irgendwie vor den Nazikarren zu spannen, habe ich zurückgewiesen.

Aber ich mußte natürlich immer vorsichtig sein, durch mein unpolitisches Verhalten nicht allzusehr aufzufallen, denn gleichzeitig war ich ja bereits in unserer Widerstandsgruppe «Europäische Union» tätig. In der Gruppe «Neu Beginnen» hatte ich so lange gearbeitet, bis der Teil der Gruppe, zu dem ich gehörte und der sich zuvor gespalten hatte, schließlich in die Hände der Gestapo fiel. Anschließend hatte ich zwar noch Kontakt zu einigen Übriggebliebenen, die dann aber später auswanderten. Damit hatte ich jeden Kontakt zur Gruppe verloren, und erst nach dem Krieg habe ich einige ihrer ehemaligen Mitglieder wiedergesehen. Es soll noch weitere Reste der Gruppe gegeben haben, die auch nach 1935/36 noch gekämpft haben. Aber ich habe mich längere Zeit, so ganz ohne Kontakt, politisch gar nicht betätigt, weil keine Möglichkeiten bestanden. Erst während des Krieges haben Groscurth und einige andere Freunde dann die Gruppe «Europäische Union» aufgebaut.

Natürlich war ich 1935 ein politischer Anfänger. Persönlich hatte ich keine Beziehungen zu emigrierten Genossen, sondern die hatte allein die Gruppe «Neu Beginnen»; für diese vielfältigen Auslandsbeziehungen verfertigten wir sogar ständig Berichte.

Die Erfolge der Nazis hatten auf mich überhaupt keine Wirkung. Das ist ganz merkwürdig. Ich war völlig immun gegen jede Art von Nazipropaganda. Das hing mit meinem Start zusammen, und ich war ganz sicher in meiner Ablehnung dieser Ideologie, dieser Denkweise, dieser Politik: Nicht nur weil sie falsch, sondern auch weil sie unmenschlich, antihuman, reaktionär, rückständig und widerlich war. Ich konnte höchstens empört sein darüber, daß es immer mehr Leute gab, die sich diesen Nazis zuwandten, aber niemals haben mich die Propagandaerfolge der Nazis auch nur im geringsten beeindruckt.

Was ich da erlebte, das paßte in meine allgemeine Vorstellung von der menschlichen Gesellschaft mit ihren verschiedenen Klassen und Schichten hinein, das war kein Widerspruch. Die Leute, die versagten und in die Nazibewegung hineingerieten, waren eben die Klassen und Schichten, die ich sowieso für politisch schädlich und schwächlich und wertlos hielt. In diesem Zusammenhang hat uns natürlich der Spanische Bürgerkrieg ungeheuer aufgeregt. Mehrmals gab es Überlegungen, ob wir nicht dahin gehen und mitkämpfen sollten. Einige meiner Freunde haben es getan. Wir dagegen wollten in Deutschland bleiben. Unsere Gruppe funktionierte ja damals noch. Und dann muß ich sagen, es war ganz gut, daß wir nicht dahin gegangen sind, weiß der Teufel, was mit uns geworden wäre.

Sinowjew, Kamenew[4], all diese Genossen waren mir damals noch fast ohne politische Bedeutung. Die Namen hatte ich kaum gehört. Und ich hatte, als ich anfing, illegal zu arbeiten, so wenig Kenntnis von der gesamten politischen Geschichte der Arbeiterbewegung, sowohl der Rußlands als auch der deutschen nach 1918, daß ich dadurch auch sehr wenig beeindruckt war von all den inneren Streitigkeiten, die es gab und die von Gegnern immer wieder ausgenutzt wurden. Ich wollte davon gar nichts wissen. Für mich schien der antifaschistische Kampf, der Kampf gegen die Nazis und gegen den Krieg das Wichtigste. Den Kommunismus und den Sieg der sozialistischen Sowjetunion zu verteidigen und zu sichern – das war die Hauptsache.

Wie schon gesagt, machte der VII. Weltkongreß der Komin-

4 Im August 1936 begann in Moskau der erste von drei großen Schauprozessen gegen die alte Garde der Bolschewistischen Partei, den Siegern der Oktoberrevolution von 1917. Der Hauptangeklagte aller drei Prozesse war der im Exil lebende Leo Trotzki (1879–1940). Im 1. Prozeß standen unter anderen Grigorij Sinowjew (1883–1936), Parteimitglied seit 1903, 1. Vorsitzender der Kommunistischen Internationale von 1919–1927, und Leo B. Kamenew (1883–1936), Parteimitglied seit 1901, langjähriger Mitarbeiter Lenins, vor Gericht. Beide Angeklagte wurden verurteilt – weil sie den «Kapitalismus restaurieren» wollten und «Agenten Hitlers» waren – und erschossen. Im Schatten dieser Schauprozesse überrollte eine Säuberungswelle die Sowjetunion, die Millionen erfaßte. Alexander Solschenizyn hat in seinem «Archipel Gulag» das menschliche Leid dieser Säuberungen beschrieben.

tern auf uns einen sehr starken Eindruck. Denn wir erfuhren von dort eine Bestätigung unserer Kritik, die wir schon vorher an der Politik der KPD und besonders an ihrer These vom SPD-Sozialfaschismus und der SPD als Hauptgegner geübt hatten. Nun also sollte eine Politik der antifaschistischen Volksfront begründet werden – doch es war längst zu spät dafür. Viele Sozialdemokraten waren mittlerweile entpolitisiert und hatten jede Vorstellung von Widerstand gegen das Dritte Reich aufgegeben. Der Beschluß zur Volksfront blieb schönes Lippenbekenntnis, ohne praktische Konsequenz in Deutschland. Und als dann auch die Volksfront in Frankreich zusammenbrach, war – und das hing ja auch mit dem Spanienkrieg zusammen – alle Hoffnung auf Wiederherstellung der Einheit der Arbeiterbewegung erst mal wieder für längere Zeit zerstört.

Der Hitler-Stalin-Pakt war natürlich ein ganz außerordentliches Ereignis, und wir führten viele Diskussionen darüber, welche Bedeutung dieser Pakt für die weitere Entwicklung haben würde. Ich war damals ein unbedingter Anhänger des Hitler-Stalin-Paktes und der Meinung, daß die langdauernden Verhandlungen der Westmächte mit der Sowjetunion wegen eines gemeinsamen Vorgehens gegen Hitler den Hitlerkrieg praktisch überhaupt erst ermöglicht haben. Immer wieder wurden bei den Verhandlungen von Engländern und Franzosen neue Schwierigkeiten aufgetischt. Dann kam plötzlich dieser Pakt zwischen Hitler und Stalin zustande und beendete die sich ewig hinziehenden Verhandlungen zwischen den Westmächten und der Sowjetunion. Der Pakt ermöglichte natürlich auch den Krieg gegen Polen. Trotzdem waren wir der Meinung – ich jedenfalls war der Überzeugung –, daß dieser Pakt ein Beweis großer politischer Weisheit war. Die Sowjetunion ließ es nicht zu, daß Hitler sich ganz Polen aneignete, sondern er bekam nur einen Teil, der andere Teil kam in sowjetische Hand und war gewissermaßen vor den Nazis geschützt. Außerdem war dafür gesorgt, daß der Weltkrieg nicht zwischen der Sowjetunion und Hitler-Deutschland ausbrach, sondern eben zwischen den Kapitalisten geführt wurde. Wir glaubten, daß dieser Krieg zur Vernichtung des Faschismus und des Kapitalismus in Europa führen müßte und vertrauten darauf, daß die Entscheidung der Sowjetunion, dieses

50

zweifelhafte Bündnis mit Hitler zu schließen, letzten Endes politisch richtig war.

Wir hatten dabei natürlich gehofft, daß Hitler den Pakt mit der Sowjetunion einhalten würde und hatten es für undenkbar gehalten, daß er so wahnsinnig sein könnte, nach der Niederschlagung Europas den Angriff auf die riesige Sowjetunion zu riskieren und damit seine gesamten Erfolge wieder in Frage zu stellen. Der Anfang des Krieges schien unsere Überlegungen ja auch zu rechtfertigen. Hitler eignete sich gemeinsam mit Mussolinis Italien die gesamte europäische Industrieproduktion an, besetzte Frankreich, Norwegen, Dänemark, Holland und Belgien und verfügte über eine ungeheure ökonomische und militärische Basis. Allerdings gelang die Eroberung Englands nicht. Als 1941 der Einmarsch in die Sowjetunion begann, waren wir zuerst fest davon überzeugt, daß nun das Ende der Herrschaft der Nazis gekommen wäre. Das war auch richtig, denn das war ja der Beginn ihres Untergangs, auch wenn das erste Jahr des Überfalls der Hitlerarmeen noch einmal eine Serie großer militärischer Erfolge brachte. Ihr erstes Hauptziel, Moskau schon vor dem Winter 1941 zu erobern, gelang nicht. Ich kann mich noch genau erinnern, wie die Pelzsammelaktion von den Nazis für die Truppen eingeleitet wurde, die im eisigen Rußland steckengeblieben waren. Offensichtlich war nicht alles so gelaufen, wie die Nazis gehofft hatten. Nun wurde offenkundig, daß die Nazis militärisch die riesigen Weiten Rußlands nicht bewältigen konnten und daß für sie ein ganz gefährlicher Abschnitt des Krieges begann.

Unsere Widerstandsgruppe «Europäische Union» hat übrigens die Sowjetunion rechtzeitig von dem bevorstehenden Einmarsch der Hitlerarmeen informiert. Zu unserer Gruppe gehörte ein litauischer Sprachwissenschaftler, Wladimir Broser, ein alter Mann, der, ich weiß nicht aus welchen Gründen, in Deutschland lebte und den mein Freund Groscurth kennengelernt hatte. Wladimir Broser, der über dreißig Sprachen beherrschte und in vielen Sprachen dichtete, wie ein jüdischer Rabbi aussah, mit einem faserigen Bart, ein liebenswürdiger Mensch, gab einigen Hitler-Generälen Russischunterricht in der Wehrmachtszentrale. Von diesen Leuten erfuhr er, natürlich unter dem Siegel größter Verschwiegenheit, daß am 22. Juni 1941 die Hitlerarmeen zum Angriff gegen die Sowjetunion antreten würden. Wir erfuhren das ungefähr vier Wochen vor Kriegsbeginn. Wladimir Broser ging, nachdem wir das eingehend beraten hatten, unter großen Vorsichtsmaßregeln Anfang Juni 1941 in die sowjetische Botschaft Unter den Linden und hat dort einem höheren Botschaftsmitglied genaue Angaben über den geplanten Einmarsch gemacht und ihm mitgeteilt, woher er das wußte, und ihm den 22. Juni als Beginn des Einmarsches genannt. Daß auch andere die Sowjetunion damals rechtzeitig genug informierten, ist ja bekannt, aber Stalin wollte einfach nicht glauben, daß Hitler diesen Angriff plante. Stalin hielt diese Informationen sogar für gezielte Fehlinformationen, um die Sowjetunion zu irgendwelchen falschen Handlungen gegenüber Hitler-Deutschland zu bewegen.

Als ich Broser nach dem Krieg traf – er war auch noch verhaftet und verurteilt worden –, begrüßten wir uns überglücklich und froh, daß wir beide diese furchtbare Zeit durchgestanden hatten. Da sagte er zu mir: «Robert, weißt du, wovor ich mich jetzt am meisten fürchte?» Ich fragte: «Wovor denn?» – «Ich fürchte mich vor den Unsrigen.»

Unsere Gruppe, die später den Namen «Europäische Union» annahm, war anfangs natürlich nur klein. Sie hatte sich sehr einfache Aufgaben gestellt, im wesentlichen die Unterbringung von Leuten, die illegal leben mußten. Besonders wurden von uns viele Juden, die in Lebensgefahr waren, versorgt, illegal untergebracht und bekamen falsche Papiere. Man konnte damals auf verschiedenen Wegen zu falschen Pässen kommen, zum Beispiel konnte man sie auf einer Art Schwarzmarkt für falsche Dokumente kaufen. Wir hatten einen Kriminalbeamten aus Wilhelmshaven gefunden, der oft in Berlin war, um in irgendwelchen Kasinos sein Geld zu verspielen. Dieser Mann war völlig demoralisiert; er war deswegen so praktisch für uns, weil ganz zu Anfang des Krieges eine englische Fliegerbombe das Einwohnermeldeamt von Wilhelmshaven zerstört hatte und alle Personalunterlagen vernichtet worden waren. Nun konnte man sehr leicht, ohne daß das kontrollierbar war, beliebige Leute in Wilhelmshavener Bürger verwandeln und ihnen entsprechende Papiere ausstellen; das machte dieser Kriminalbeamte. So bekamen viele Leute von uns und durch Vermittlung dieses Mannes absolut echte Kennkarten und Personalausweise mit entsprechenden Bildern und Truppenstempeln und Fingerabdrücken, die sie als harmlose Wilhelmshavener Bürger auswiesen. Ich weiß nicht, wie vielen Menschen wir auf diese Weise das Leben gerettet haben.

In unserer Gruppe gab es oft Diskussionen darüber, ob diese Art von karitativer Tätigkeit für uns die einzige politische Möglichkeit wäre. Ich vertrat damals die Meinung, daß schon allein die Einübung in die Techniken, die damit verbunden waren, für unsere spätere Arbeit als Widerstandsgruppe von großem Wert sein würden.

Die eigentliche Arbeit als Widerstandsgruppe begann, als Groscurth eine sowjetische Ärztin kennenlernte, die wegen irgendwelcher beruflicher Aufgaben in das Moabiter Krankenhaus gekommen war, in dem er arbeitete. Groscurth erfuhr von dieser Ärztin, die gegen ihren Willen von den deutschen Truppen nach Deutschland verschleppt worden war, daß sie in den Lagern für ausländische Arbeiter, die es in Deutschland damals massenhaft gab, tätig war. In diesen Lagern existierten viele antifaschistische Gruppen, die Verbindungen zu deutschen Gruppen suchten. Durch die Zusammenarbeit zwischen den Gruppen ausländischer Arbeiter aus solchen Arbeitslagern und unserer Gruppe, die wir ausbauten und vergrößerten, entstand die «Europäische Union». Wir haben auch Flugblätter verfaßt, von denen nach dem Krieg einige veröffentlicht worden sind. Da wir uns sehr vielfältige Beziehungen innerhalb der Nazi-Behörden verschafft hatten, konnten wir auch die Lager rechtzeitig informieren, wenn plötzliche Razzien vorbereitet wurden. Informationen zu verbreiten und Menschen zu warnen, das war eine unserer Haupttätigkeiten bis zu dem Augenblick, wo wir durch einen Spitzel aufgedeckt wurden. Die meisten deutschen Mitglieder unserer Widerstandsgruppe wurden am 5. und 6. September 1943 von der Gestapo verhaftet. Durch leichtfertigen und unüberlegten Verrat eines unserer Mitglieder wurden später auch zahlreiche ausländische Arbeiter verhaftet und wie wir zum Tode verurteilt.

Die Verhöre fanden in der Prinz-Albrecht-Straße statt, wo ich auch einsaß – in der Zelle 24 im Keller –, und dauerten bis Mitte November, also etwa zweieinhalb Monate. Es war mir natürlich von Anfang an klar, daß es nur eine Strafe geben würde. Deswegen konnte ich mich verhältnismäßig einfach verhalten. Die Gestapo versuchte dauernd bei mir Hoffnungen zu wecken. Der Vernehmer sagte immer: «Wer wird denn hier gleich mit dem Kopf in der Hand rumlaufen», und ich sagte dann: «Na, Sie verurteilen ja Leute, die feindliche Sender abgehört haben, schon zum Tode. Sie können sich ja wohl vorstellen, daß ich nicht bestreite, daß ich sehr eifrig die sogenannten ‹Feindsender› abgehört habe.» Anfangs wurden wir natürlich mißhandelt, damit probiert man es immer zuerst. Ich habe mir gleich überlegt, daß es ganz falsch wäre, irgendwie auf Mißhandlungen zu reagieren. Von anderen habe ich später gehört, daß diejenigen, die auf Mißhandlungen reagiert hatten, nur noch mehr mißhandelt wurden. Ich dagegen erzählte den Leuten, die mich schlugen und quälten, wie lächerlich ihre Versuche wären, mir Schmerz zuzufügen, daß unter bestimmten psychologischen Bedingungen Menschen die Schmerzen, die ihnen zugefügt werden, überhaupt nicht wahrnehmen, daß einem Soldaten in der Schlacht von einer Kanonenkugel ein Bein abgerissen werden könnte, und er das erst dann bemerken würde, wenn er plötzlich nicht mehr laufen könnte, und ähnliche Scherze. Überhaupt glaube ich, war es sehr wichtig, gegenüber den Verhörern der Gestapo so aufzutreten: Ich mußte ihnen furchtlos erscheinen und ihnen irgendwie imponieren. In so einer Lage ist es notwendig, daß die Leute, die jemanden ungerecht behandeln, einen außerordentlich großen Respekt vor diesem bekommen. Dadurch kann man sich solche Leute einigermaßen vom Leibe halten und auch – mehr oder weniger – den Verlauf des Ganzen bestimmen.

Ich mußte immer wieder versuchen, herauszubekommen, was die Gestapo überhaupt durch die Verhöre der anderen Gruppenmitglieder erfahren hatte. Ich malte dann ein Bild, das natürlich lückenhaft war, zu einem vollen Gemälde aus, indem ich alles, was fehlte, in passender Weise dazuerfand, und zwar möglichst wenig oder gar nicht nachprüfbar, aber doch glaubhaft.

Es war für meinen Verhörer immer eine große Freude, wenn ich meine Erzählung beendet hatte. Die Freude dauerte aber gewöhnlich nicht übermäßig lange: häufig hatte er irgendwelche Aussagen von anderen Verhafteten bekommen, die in schreiendem Widerspruch zu meinen Behauptungen standen. Daraufhin wurde ich wieder eine ganze Zeit gefesselt und verhört, vor mir wurde die Pistole auf den Tisch gelegt, aufgemacht, wieder entsichert, die Magazine vorgeführt und lauter solche Einschüchterungsversuche gemacht. Ich wußte, daß das alles nur dummes Zeug war und man mich einzuschüchtern versuchte. Der Verhörer wäre schwer bestraft worden, wenn er mir auch nur das geringste angetan hätte.

Im übrigen ahnten diese Leute ja auch, daß ihre Sache nicht mehr sehr gut stand. In dem großen Zimmer, in dem ich verhört wurde, war eine riesige Karte der Sowjetunion an der Wand, und auf dieser Karte war der Frontverlauf durch kleine Fähnchen abgesteckt. Ich kannte die Karte der Sowjetunion sehr genau und hatte mir noch rechtzeitig eine sehr detaillierte Landkarte gekauft, um die Wehrmachtsberichte genau verfolgen zu können. In der Haft las ich auch Zeitung, ich bekam den «Völkischen Beobachter» als Lektüre, und wußte deshalb, wie die Front verlief. Der Verhörer fragte: «Was gucken Sie immer zu der Karte, Sie interessieren sich wohl für diese Karte?» Ich sagte: «Ja, die Fähnchen stehen nicht mehr ganz richtig, es sind wieder einige ‹Frontbegradigungen› einzutragen.» – «Frontbegradigung» nannten die Nazis ihre Rückzüge in ihrem Wehrmachtsbericht. Als ich das gesagt hatte, wurde der Mann wütend und sagte plötzlich: «Ja, wir waren nicht konsequent genug, wir haben nicht konsequent genug Schluß mit der Reaktion gemacht so wie die Russen, wir hätten auch so radikal sein müssen, jetzt haben wir das davon.» Das war die Form, in der der Vernehmer gewissermaßen das herannahende schlimme Kriegsende und die Niederlage des Faschismus in Deutschland voraussah und ihre Ursachen erblickte. Ein anderer Gestapomann sagte einmal zu mir: «Was denken Sie denn, was werden

Sie denn mit uns machen, wenn es einmal soweit ist?» Darauf habe ich nicht geantwortet, sondern nur mit dem Kopf geschüttelt, das war Antwort genug.

Nach Beendigung der Verhöre wurden wir als Untersuchungshäftlinge in das Zuchthaus Brandenburg gebracht. Von einer Anklageschrift habe ich dort nichts zu sehen bekommen. Einen Tag bevor wir nach Berlin geschafft wurden, um vor den Volksgerichtshof gestellt zu werden, bekam ich ein Papier in die Hand gedrückt: Das war der vorläufige Haftbefehl. Vorher hatte ich so etwas noch nicht gesehen. Mir wurde mitgeteilt, ich sei wegen des dringenden Verdachtes hochverräterischer Tätigkeit verhaftet. In Berlin – wir kamen nach Moabit – kam ein Herr zu mir, der sich als mein Offizialverteidiger vorstellte, mit einer Akte in der Hand, der Anklageschrift, in die ich mal hineingucken, die ich aber nicht behalten durfte.

Der Prozeß war eine reine Farce. Freisler war der Vorsitzende, mein Verteidiger hat nur einmal etwas gesagt, nämlich als das Verfahren beendet war und er aufgefordert wurde, seine Verteidigungsrede zu halten: «Die Verfehlungen meines Mandanten sind so schwer, daß nur die schwerste Strafe gerechtfertigt sein kann.» Damit setzte er sich wieder hin und strich noch nebenbei 1500,– Mark von meinem Vater ein, der gehofft hatte, er würde etwas für mich tun können.

Von Anfang an war mir klar, daß es nur eine Möglichkeit der Rettung für mich gab: Es mußte den Nazis auf irgendeine Weise eingeredet werden, daß ich ihnen durch wissenschaftliche Arbeiten noch bei ihrem Krieg helfen könnte. Ich wußte auch, daß ich beim Heereswaffenamt, für das ich ja mit meinem Freund Fritz von Bergmann Forschungsarbeiten gemacht hatte, Freunde hatte, die bestimmt jede Möglichkeiten ausnutzen würden, um mir zu helfen. Auch Wissenschaftler der Institute der Universität wie Prof. Günther vom Physikalisch-chemischen Institut und Prof. Heubner vom Pharmakologischen Institut waren meine Freunde und würden sicher etwas tun, wenn sie mir helfen konnten. Das Urteil von diesen Leuten war natürlich sehr wichtig.

Und so geschah es dann auch. Schon im Januar 1944 erschien bei mir im Zuchthaus Professor Wolfgang Wirth,

Oberstarzt beim Heereswaffenamt, zu einer Sprechstunde, wo er mir unauffällig, ohne daß der sogenannte Polizeiinspektor – oder, wie er auch genannt wurde, der «Oberlehrer» des Zuchthauses – es bemerken konnte, einen Zettel zuschob, auf dem stand: Wir werden Sie retten. Das gab mir natürlich ungeheuren Auftrieb.

Es dauerte bis Anfang Mai 1944, dann endlich war es soweit, daß im Zuchthaus Brandenburg, wo ich einsaß, ein Laboratorium für mich aus Mitteln des Heereswaffenamtes eingerichtet wurde. Es war eine ziemlich große Zelle, eine sogenannte Spülzelle, in der normalerweise Geräte zur Reinigung der Räume untergebracht waren. Dieses Laboratorium lag am zentralsten Punkt des ganzen Zuchthauses, direkt neben dem großen Zuchthausschornstein, der in der Mitte der Anlage steht, innerhalb des sogenannten Arresthauses, wo die Arrestanten einsaßen, die Leute nämlich, die zu irgendwelchen erschwerten Haftbedingungen verurteilt waren. Die Einrichtung des Laboratoriums ermöglichte mir den Kontakt mit meinen Genossen von der KP, die eine sehr aktive und gut funktionierende Widerstandsgruppe innerhalb des Zuchthauses seit vielen Jahren organisiert hatten. Davon hatte ich auch vorher schon gewußt, denn wir hatten auch vor unserer Verhaftung schon über verschiedene Kanäle Kontakt miteinander. Eduard Wald, der später aus der KP austrat, war einer der Tischler-Kalfaktoren in Brandenburg. Mit seiner Hilfe wurden die Pläne für die Einrichtung meines Laboratoriums gemacht: Da wurde ein Abzug gebaut und Regale und Tische, um den doch relativ schmalen Raum der Zelle optimal für meine Zwecke auszunutzen. Diese Besprechungen mit Eduard Wald und dem Tischlermeister Schwichtenberg, einem dienstverpflichteten Sozialdemokraten, fanden dann ab Mai häufiger statt, bis das Laboratorium endlich völlig eingerichtet war.

Ich arbeitete nun regelmäßig in diesem Laboratorium, das für mich die reale Chance darstellte, mit dem Leben davonzukommen. Gleichzeitig jedoch war der Beginn dieser Arbeit überschattet durch ein furchtbares Erlebnis: Ich hörte, daß meine mit mir verurteilten Genossen und Freunde hingerichtet worden waren. Ich erfuhr es während der sogenannten Freistunde. Ich hatte Einzelfreistunde, d. h., ich ging mit einem Beamten des Zuchthauses in einen der großen Zuchthaushöfe. Der «Schien», wie wir so einen Beamten nannten, stand etwas erhöht an einer Treppe, und ich lief auf dem gepflasterten Gang im Kreis herum. An einem Tag, ich glaube, es war am 9. Mai 1944, hatte ich wieder meine Freistunde, und als ich an den «Schien» vorbeikam, sagte er zu mir in einer widerlichen Weise: «Na, Groscurth ist schon weg.» Ich bekam einen furchtbaren Schrecken und wußte nicht, was das heißen sollte. Ich hatte längere Zeit mit ihm gar keinen Kontakt mehr halten können. Höchst beunruhigt ging ich also weiter, machte wieder meine Runde und blieb, als ich wieder an dem Mann vorbeikam, stehen und fragte: «Was heißt weg?» Worauf er die Handbewegung des Halsabschneidens machte. So erfuhr ich es. Am 8. Mai – also genau ein Jahr vor dem Ende des Krieges – waren sie hingerichtet worden.

Nach unserer Verurteilung im Dezember 1943 hatten Groscurth und ich eine Zeitlang zwei benachbarte Zellen und konnten uns unterhalten. Jede Zelle hatte einen kleinen Heizkörper, der an derselben Wand war. Beide Heizkörper waren an einem einzigen Eisen auf beiden Seiten der Wand angehängt. Wir lehnten sowieso immer an den Heizkörpern, weil es immer so kalt war und wir bei der schwachen Heizung froren. Mit Hilfe eines abgerissenen Metallknopfes klopften wir vorsichtig und leise an die Heizung und konnten uns nun durch Klopfzeichen verständigen. Wir haben uns über alles unterhalten, was uns bewegte, natürlich auch über die Frage und Möglichkeit einer Rettung. Groscurth sagte immer zu mir: «Du bist ein hoffnungsloser Optimist.» Er meinte, ich würde selbst dann noch, wenn ich zur Hinrichtung gebracht würde, glauben, daß plötzlich eine Bombe ins Zuchthaus fiele und alle Wände umstürzten und ich der einzige wäre, der unverletzt und unbeschädigt aus dem Ganzen hervorginge und, so gerettet, in die Freiheit gelänge. So war es zwar nicht, aber ich glaube, daß mein Optimismus und meine Entschlossenheit, alles zu tun und alle, die mir helfen wollten, auch zu unterstützen, mir das Leben gerettet hat.

Dieser früher schon von mir genannte Oberstarzt, Professor

Wolfgang Wirth, hat ganz entscheidend dazu beigetragen, daß ich gerettet wurde. Ich bekam in diesem Laboratorium die Aufgabe, ein hochempfindliches Verfahren zum Nachweis von Fluor in kleinsten Mengen organischen Materials auszuarbeiten. Diese harmlose chemisch-analytische Aufgabe war deswegen so «kriegswichtig», weil die Nazis über ein Giftgas verfügten, ein Nervengift, das eine Fluorverbindung war. Ich hatte schon vorher von diesem schrecklichen Gift gehört, und da eben mein Aufgabenbereich in den Rahmen dieser mit höchster Priorität ausgestatteten Forschung fiel, konnte Wirth erreichen, daß ich Vollstreckungsaufschub bekam, zunächst ein halbes Jahr, später wurde der Aufschub immer um weitere zwei Monate verlängert.

Tatsächlich hatte ich merkwürdigerweise keine Angst. Ich hatte mich natürlich nach der Verurteilung mit der Frage des Todes sehr ernsthaft innerlich beschäftigt und mir vieles überlegt. Ich erinnerte mich an eine Stelle bei Schopenhauer, über die ich mich mit dem evangelischen Pfarrer der Anstalt unterhielt. Er besuchte mich merkwürdigerweise schon bald, obwohl ich ihm dann sofort sagte, daß ich total ungläubig bin und mit der Kirche und der Religion nichts zu tun hätte. Ich hätte aber nichts dagegen, wenn er käme, schon wegen der Langeweile, die man doch in so einer Zelle auszuhalten hätte. Ich habe dem Pfarrer erzählt, was ich bei Schopenhauer gelesen hatte: Der Tod ist das einzige, was man nicht erlebt; deswegen sollte man nicht traurig sein wegen der Zeit, die man später nicht leben wird. Man wäre auch nicht traurig wegen der Zeit, die man vor seiner Geburt noch nicht gelebt hätte und die ganz bestimmt unendlich lang wäre, während die Zeit nach dem Tode erst einmal anfangen müsse, um lang zu werden. Mit dieser Stimmung überwand ich jedenfalls alle Furcht und alle Angst vor dem Tode.

Von meiner Widerstandstätigkeit während meiner Haftzeit habe ich schon in meinem Buch «Fragen, Antworten, Fragen»[5] berichtet. Die Haupttätigkeit bestand darin, mir einen Kurz-

5 Robert Havemann: *Fragen, Antworten, Fragen*, München 1970 und Reinbek 1972 (rororo 1556).

wellenempfänger zu bauen und ihn so in meine Apparaturen einzubauen, daß man ihn nicht als solchen erkennen konnte, in einem toten Winkel des Spions zu sitzen und mit einem Kopfhörer an einem Ohr die Nachrichten abzuhören, die Nachrichten von BBC, die Wehrmachtsberichte und auch Radio Moskau und sonstige Geheimsender, die damals zu hören waren. Daraus machte ich eine Zeitung, die mit Hilfe der Parteigruppe einen bestimmten Weg durch das Zuchthaus ging und alle wichtigen Leute über die neueste Kriegslage und alle möglichen politischen Entwicklungen informierte. Das war für uns von großem Wert: für die Partei und für die politischen Gefangenen überhaupt, weil wir so nicht in der Gefahr waren, durch irgendwelche Latrinenparolen, wie man es so schön nennt, zu panischen Handlungen hingerissen zu werden, die uns gefährlich hätten werden können. Wir hatten nämlich schlimme Nachrichten vom Zuchthaus Sonnenburg bekommen, wo ein kleines SS-Kommando beim Herannahen der sowjetischen Truppen über 700 politische Häftlinge kaltblütig erschossen hatte. Auf diesen Fall hatten wir uns vorbereitet, ich hatte mitgeholfen, Schwelkerzen mit Anamesit herzustellen. Das ist ein Kampfstoff, der starke Reizung der Atmungsorgane, der Nase bewirkt und dadurch Panik bei denjenigen auslöst, die nicht wissen, um was es sich handelt. Wir hätten mit Hilfe dieser Anamesitkerzen wahrscheinlich einen Aufstand organisieren können. Außerdem habe ich Sprengstoff als Chemikalie beschafft, um das große Tor und das Eisenbahntor unter dem Zuchthaus aufzusprengen, und schließlich war auch eine Selbstmordmaschine mit Hilfe von Zyankali und Säure zur Freisetzung von blauer Säure hergestellt worden. Gott sei Dank haben wir von all diesen Dingen keinen Gebrauch machen müssen, wir erlebten in Ruhe als bestinformierte Gruppe das Ende des Krieges. Nachdem der Strom ausgefallen war, war ich die einzige Informationsquelle, weil die Radios der Beamten nicht mehr funktionierten, ich aber mein Radio mit Batterie betreiben konnte. So hatten wir unsere Zeitung, den «Draht», wie er genannt wurde, bis zum Schluß, bis zum Tag unserer Befreiung am 27. April 1945.

Am 20. April 1945 feierte Hitler seinen letzten Geburtstag.

60

Zu Ehren dieses Tages wurden in Brandenburg auf Anweisung des Ortsgerichts über 30 zum Tode Verurteilte hingerichtet. Während eines Fliegeralarms und Bombenangriffs auf Berlin kam der Staatsanwalt nach Brandenburg mit dem Scharfrichter und der Liste der Leute, die hingerichtet werden sollten. Schon wochenlang vorher hatten keine Hinrichtungen mehr stattgefunden, es war eine vollständige Überraschung für uns alle. Der Scharfrichter hatte auch die für die Hinrichtung erforderlichen beiden Henkersknechte nicht mitgebracht, so daß eigentlich die Hinrichtung nicht ordnungsgemäß und das heißt überhaupt nicht hätte durchgeführt werden können. Aber der Direktor des Zuchthauses Brandenburg forderte seine Beamten auf, sich hierfür freiwillig zu melden. Tatsächlich meldeten sich zwei Justizwachtmeister freiwillig als Henkersknechte. Daraufhin konnten die Hinrichtungen durchgeführt werden. Es entstand eine ungeheure Erregung im Zuchthaus, als dies geschah, es konnte aber nicht verhindert werden. Am nächsten Tag kam der Arbeitsinspektor, ein korrupter Bursche, zu mir in mein Laboratorium und fragte mich, ob ich von den Hinrichtungen gehört hätte und was ich davon hielte. Daraufhin sagte ich ganz spontan und ohne auch nur einen Moment zu überlegen, daß diese Morde gerächt werden würden und sämtliche Beamten des Zuchthauses mit ihrem Leben zu büßen haben würden, wenn noch einem einzigen Gefangenen ein Haar gekrümmt würde. Wortlos verließ mich der Mann wieder. Wie ich später hörte, wurde ihm das gleiche, ohne daß Verabredungen bestanden hatten, auch von anderen politischen Häftlingen auf diese Frage erwidert. Die Folge war, daß – der Direktor des Zuchthauses konnte es nicht verhindern – die Zuchthauswächter die Guillotine abmontierten und in einem benachbarten kleinen See versenkten. Ihre Angst war groß, sie befürchteten, ihren Kopf unter dieser Maschine selbst zu verlieren. Diese panische Reaktion der Zuchthausverwaltung machte uns Mut. Es wurde verlangt, daß wegen der Gefährdung des Lebens der Gefangenen durch Bomben und Angriffe eine Schutzwache von Gefangenen gebildet werden müßte, die durch Armbinden zu kennzeichnen wäre und im Besitz von Schließerschlüsseln sein sollte: die sogenannten Obleute. Die Zuchthauslei-

tung war damit und auch mit der Durchführung eines Probe-
alarms einverstanden, bei dem sämtliche Gefangenen zum erstenmal während eines Fliegerangriffs aus ihren Zellen her-
ausgeführt und im Parterre des Zuchthauses versammelt wurden. Ich gehörte auch zu den Obleuten, hatte auch eine solche
Binde und konnte mich frei bewegen. Ich hatte einen Schließerschlüssel, konnte Zellen aufschließen, die Türen passieren,
die Gittertüren und die Zelle meines Laboratoriums war offen: Ich konnte sie selber zuschließen, ich hatte den dazugehö-
rigen Schlüssel.

Das ging so bis zum 27. April, bis zum Tag unserer Befreiung. An diesem Tag setzte der Zuchthausdirektor alle diese
Maßnahmen außer Kraft, und wir wurden auf seine Anweisung
wieder in unseren Zellen eingeschlossen. Plötzlich kam ein
Genosse an meine Tür, öffnete meine Zelle und rief: «Robert,
komm raus, die Russen sind da.» Nun liefen wir, ohne daß uns
irgend jemand daran hinderte, hinunter zum Zuchthaustor.
Dort stand schon der Pfarrer mit einer weißen Fahne und der
«Oberlehrer». Beide hatten mit uns schon in den letzten Tagen
konspiriert. Als wir das Tor aufmachten, stand vor dem Tor ein
deutscher Fallschirmjäger. Der Pfarrer wollte mit seiner weißen Fahne an ihm vorbeischleichen, und zwar in die Richtung,
in der er die Russen vermutete. Aber der Fallschirmjäger hielt
ihn an und fragte: «Halt, wo wollen Sie hin?», worauf er sagte:
«Nun, ich will das Zuchthaus an die Russen übergeben, die sind
doch jetzt hier.» Daraufhin erklärte der Fallschirmjäger: «Das
weiß mein Kommandant ja nicht, ich werde ihm das mitteilen»,
und damit zog er ab. Wir schlossen sofort wieder das Tor und
beobachteten, was draußen vor sich gehen würde. Nach einer
Weile stand wieder ein Soldat vor der Tür, diesmal war es
wirklich ein Russe. Wir riefen sofort die Genossen herbei, die
russisch konnten und mit ihm redeten. Sie teilten dem über-
raschten Soldaten mit, daß dies keine Fabrik sei, wie er dachte,
sondern das Zuchthaus Brandenburg. Daraufhin erschien ein
sowjetischer Panzer mit sowjetischen Soldaten, fuhr durch das
Tor in das Zuchthaus hinein. So begann die Befreiung des
Zuchthauses. Die russischen Soldaten sprangen aus dem Panzer heraus, ließen sich die Schließerschlüssel geben, liefen von

Zelle zu Zelle, von Gittertür zu Gittertür, schlossen alles auf und ließen alle, alle, alle frei.

Das war die ungeheuerste Stimmung, die ich mir, die man sich überhaupt vorstellen kann. Wir sangen die Internationale, die Russen, unsere Befreier, trugen wir auf unseren Armen. Hoch über uns wanderten sie durch die riesige Masse der grauen Gestalten der ausgemergelten und verhungerten Menschen, die nun einen Tag erlebten, der ihr Leben von Grund auf ändern würde.

Das Zuchthaus war damals vollständig überbelegt. Es gab mehrere tausend Gefangene, die aber zum größeren Teil echte Kriminelle waren. Eigentlich politische gab es vielleicht drei- bis vierhundert, und auch von diesen war nur ein Bruchteil Mitglied der aktiven Widerstandsbewegung gewesen. Dann gab es mindestens noch fünf- bis achthundert Leute, die wegen Vergehen im Zuchthaus saßen, die nur durch den Krieg möglich waren, wie Schwarzschlachtung oder Schieberei, Diebstahl von Wehrmachtsgut usw. Das waren also auch Leute, die wahrscheinlich in normalen Zeiten so etwas nie begangen hätten. Deswegen war ihre Kriminalität nicht mit der der eigentlichen Kriminellen vergleichbar.

Als diese Massen befreit waren, entstand natürlich im Zuchthaus ein unvorstellbares Chaos. Die Kriminellen fingen sofort an, alle Vorräte zu plündern. Sie gingen in den Keller und holten die Säcke mit Lebensmitteln hervor. Die Bäckerei wurde gestürmt und die Brote wurden von Kriminellen an Kriminelle verteilt, die Kleiderkammern wurden gestürmt, in denen sich die Gefangenenkleider mit vielen Wertsachen befanden. Es war eine Katastrophe. Wir wußten nicht, was wir machen sollten. Schließlich beriefen wir eine Versammlung ein und beschlossen dann, wieder sämtliche Zellentüren einfach abzuschließen und auch alle Gittertüren einfach zuzuschließen, erst mal den gesamten inneren Verkehr im Zuchthaus für die Kriminellen lahmzulegen. Es wäre fast zu einer schlimmen Auseinandersetzung, zur Meuterei und Schießerei gekommen, denn einige der Kriminellen hatten sich bereits Schußwaffen verschafft. Aber es ging alles friedlich vorüber, hauptsächlich dadurch, daß wir in der Küche ein ganz großartiges Abendessen kochten. Ein Abendessen, das sehr beliebt war: mit Erbsen und Fleisch, Mohrrüben und viel Speck. So waren sie erst mal satt und wir konnten am Tag unserer Befreiung, am 27. April, wieder etwas Ruhe und Ordnung im Zuchthaus schaffen.

Das Merkwürdige war, daß nach unserer Befreiung sehr viele, auch von unseren eigenen Genossen, am liebsten im Zuchthaus geblieben wären. Hier war alles, was man brauchte, Essen, Trinken, Wohnen, Heizung. Für alles war gesorgt, und niemand hatte das Gefühl, daß es draußen, da wo der Krieg noch tobte, so angenehm sein würde. So wollten die Leute einfach dableiben. Daß wir aber in großer Gefahr schwebten, daß jederzeit ein Überfall von der Wehrmacht erfolgen konnte, zumindestens ein Artilleriebeschuß, daran dachten viele nicht. Am nächsten Tag kamen die Russen und fragten, warum wir, nachdem wir nun befreit waren, uns immer noch in diesem Zuchthaus aufhielten. Wir sollten jetzt abziehen. Wir mußten uns aufstellen und mußten alle Waffen, die wir uns genommen hatten, wieder abliefern, denn mit Waffen in der Hand hätte man uns ganz bestimmt erschossen. Dann fuhr bis zum Tor des Zuchthauses und die gesamte Straße entlang, soweit man den Weg von den deutschen Linien aus, die nicht weit davon entfernt waren, einsehen konnte, eine ununterbrochene Kette von schweren sowjetischen Panzern auf, die alle ihre Geschütze auf die deutsche Linie gerichtet hatten. Im Schutz dieses Stahlwalls zogen wir, zweitausend oder mehr Gefangene, die Kriminellen und wir natürlich alle zusammen, aus dem Zuchthaus aus in Richtung Berlin.

Kaum waren wir hinter den Linien der Russen angelangt, im Dorf Görden, sahen wir zu unserem Entsetzen bereits die ersten Tätigkeiten unserer kriminellen Mitgefangenen. Sie plünderten schamlos die Häuser vor den Augen der Leute, die da wohnten. Manche begnügten sich schon nicht mehr mit Handwagen, mehrere hatten sogar Pferdewagen organisiert, auf die sie alles aufluden, was sie für mitnehmenswert hielten. Es war unglaublich und nahezu phantastisch anzusehen. Wir trennten uns dann von den Kriminellen, indem wir uns durch eine Parole verabredeten, die wir durchgaben, und sammelten uns an der Spitze des Zuges.

IV
Aufbau

«Für mich gab es überhaupt keinen Zweifel daran, daß der Fortschritt, das Gute, der Humanismus auf unserer Seite hier im Osten war und nicht auf der Seite des Westens.»

Robert Havemann ereilte schon kurz nach dem Sieg der Alliierten Berufsverbot. Er wurde aus einem wiss. Institut (West) entlassen und konnte ein wiss. Institut (Ost) übernehmen. Es folgte eine doppelte Karriere: Volkskammer-Abgeordneter, Parteifunktionär und Wissenschaftler an der Humboldt-Universität. Wie wurde aus einem überzeugten Anhänger Stalins der Kritiker und Oppositionelle?

Die Fragen

Der Einmarsch der Roten Armee war begleitet von Plünderungen und Vergewaltigungen. Wie empfanden Sie diese Begleiterscheinungen Ihrer Befreiung?

Wie verlief Ihre wissenschaftliche Karriere in den ersten Jahren nach dem Krieg, begonnen hat sie doch in Westberlin?

Kalter Krieg und Wissenschaft, die Kommunisten, die aus der Einheit des Widerstandes in den Westzonen ausgeschaltet wurden, duldeten selbst in der Sowjetischen Besatzungszone keine Abweichler; was hatte das für Sie für Folgen?

Sie sind 1950 bis 1964 Mitglied der Volkskammer gewesen, die in der Bundesrepublik als Scheinparlament gilt. Wie sah Ihre parlamentarische Arbeit aus?

Welche Auswirkungen hatte – auch auf Sie persönlich – Stalins Tod im Jahre 1953?

Wie verhielten Sie sich gegenüber den Ereignissen des 17. Juni 1953?

Bis zum XX. Parteitag der KPdSU im Februar 1956 waren Sie nach Ihren eigenen Worten Stalinist. Wodurch kam es zum Bruch und zu Ihrer Selbstkritik?

Wie verarbeiteten Sie als Kommunist das Jahr 1956: XX. Parteitag der KPdSU / Polnischer Frühling / Ungarn / die Intellektuellen-Opposition in der DDR / Harich schrieb seine berühmte Plattform, für die er neun Jahre Bautzen bekam. Welche Rolle spielte Robert Havemann in dieser Opposition?

Bis 1965 gehörten Sie zum Establishment der DDR; wie lebt die Elite der DDR, und was sind ihre wichtigsten Privilegien?

Wir marschierten über verschiedene Dörfer durch Nauen nach Spandau. Dort «mieteten» wir uns selbständig eine große Kaserne und hatten den ersten Kontakt mit der Gruppe Ulbricht.[1] Ulbricht erschien bei uns mit zwei anderen Genossen und hielt eine Rede. Sie war für alle tief deprimierend, denn zum erstenmal erfuhren wir von der Oder-Neiße-Grenze. Viele hatten gedacht, es handelte sich um eine ganz andere Neiße, die es außerdem gibt, weit weg im Schlesischen. Aber die Enttäuschung war für manchen von uns ganz furchtbar, denn viele verloren nun auch noch ihre Heimat jenseits der Neiße. Ulbricht hielt eine Rede, in der er rücksichtslos erklärte, daß die Deutschen für ihre Verbrechen als Volk bestraft werden müßten. Es war unangenehm, das alles von einem deutschen Politiker zu hören. Es war die Morgenthau-Politik der Russen. Die Möglichkeit, daß Deutschland kein Industriestaat mehr bleiben könnte, wurde auch erwogen, ganz wie im amerikanischen Morgenthau-Plan.

Die Plünderungen, der peinliche Ruf «Uri, Uri» und die Vergewaltigungen von Frauen durch die Soldaten der Roten Armee bekümmerten uns sehr und machten uns sehr betroffen. Aber schließlich wußten wir auch, daß die russischen Soldaten ebensowenig Engel waren wie alle anderen Soldaten. Wir hörten davon und hatten wirklich Beweise, daß die Armeeführung das nicht billigte, sondern in vielen Fällen sogar hart bestrafte. Es geschah häufig, daß Soldaten der Roten Armee von Standgerichten auf der Stelle erschossen wurden, wenn sie bei Plünderungen und Vergewaltigungen angetroffen wurden. Außerdem ist die Zeit eines solchen Zusammenbruches so anormal und so – ich möchte sagen – «frei» von allen moralischen Maßstäben, daß die furchtbarsten Dinge geschehen können, ohne daß sich die Leute darüber übermäßig aufregen. Alles, was jeder normaler-

1 Die «Gruppe Ulbricht» war eine von drei Gruppen deutscher Kommunisten (die beiden anderen waren die «Ackermann-Gruppe» in Sachsen und die «Gruppe Sobottka» in Pommern), die noch vor der deutschen Kapitulation von den Russen nach Deutschland eingeflogen wurde, um die Sowjetarmee beim Neuaufbau der deutschen Verwaltung zu unterstützen. Die Gruppen hatten Listen von Antifaschisten bei sich, mit denen die Schlüsselstellungen der neuen Verwaltung zu besetzen waren.

weise wenige Wochen und Monate vor und nach dem Zusammenbruch erlebt hat, war so entsetzlich, daß diese Vorkommnisse gegenüber der Gesamtheit der grauenhaften Wirklichkeit verblaßten.

Wir wurden dann – immer in kleineren Gruppen auf Grund unserer Personalunterlagen – nach Berlin geholt und bekamen Funktionen in der Partei und der deutschen Verwaltung, die beide aufgebaut wurden. Ich kam schließlich auch nach Berlin und wurde zunächst Verwaltungsdirektor des Krankenhauses Neukölln in Britz. Später wurde ich von dort nach Dahlem verfrachtet, in den zukünftigen amerikanischen Sektor als Leiter der Kaiser-Wilhelm-Institute in Dahlem, großzügig als Präsident der Kaiser-Wilhelm-Gesellschaft tituliert. Hiermit wollten die Russen natürlich Anspruch auf alle möglichen Einrichtungen dieser ehemals würdigen wissenschaftlichen Gesellschaft in Deutschland erheben.

Ich kehrte also 1945 praktisch an die wissenschaftliche Arbeit zurück, aus der mich die Nazis 1933 vertrieben hatten. Ich wurde zunächst Leiter der Verwaltung dieser oben genannten Institute und hatte in dieser Eigenschaft ständig mit der amerikanischen Militärregierung zu tun, denn ein Kontrollratsgesetz, das Gesetz Nr. 25, verbot wissenschaftliche Forschung in Deutschland, und zwar zunächst einmal generell. Unsere Tätigkeit im Kaiser-Wilhelm-Institut am Faradayweg, dem jetzigen Max-Planck-Institut für physikalische Chemie, mußte unter dem Vorwand durchgeführt werden, daß wir nicht forschten, sondern uns nur auf mögliche spätere Forschungsarbeiten vorbereiteten, unsere Laboratorien wieder in Ordnung brächten, die Apparate säuberten, reinigten und reparierten, schon bestimmte Pläne für Forschung ausarbeiteten. Wir durften aber nicht forschen. Das Ganze war natürlich ein reines Affentheater: Jeder wußte, daß in Wirklichkeit sich dort viele Leute versammelt hatten, die die ernste Absicht hatten, neue wissenschaftliche Forschungen auf den verschiedensten Gebieten durchzuführen. Ich richtete mir in dem ehemaligen weltberühmten Haberschen Institut in Dahlem auch eine eigene Forschungsabteilung ein und gewann eine Reihe von sehr begabten und guten Mitarbeitern. Wir fingen an, alle möglichen analytischen Forschungen, Obduktionsspektren verschiedener Stoffe durchzuführen, bis schließlich die Amerikaner nicht mehr mit mir einverstanden waren und einen Vorwand suchten, mich von dort zu entfernen. Da wurde plötzlich zum erstenmal entdeckt, daß ich dem Kontrollratsgesetz Nr. 25 zuwidergehandelt hätte: Ich hätte widerrechtlich wissenschaftliche Forschung ermöglicht und gestattet und dazu ermutigt. Aus diesem Grunde wurde ich als Leiter der Verwaltung der Kaiser-Wilhelm-Institute fristlos entlassen. Ich blieb aber weiter Mitarbeiter, und zwar Abteilungsleiter im Institut, und konnte meine eigene wissenschaftliche Forschung unabhängig von diesem Verbot weiter betreiben. Das war gegen Ende 1947. Zweieinhalb Jahre später, im Jahre 1950 also, wurde ich schließlich durch ein Dekret des Westberliner Stadtrats für Kultur, May, fristlos entlassen und erhielt Hausverbot für das Institut. Dieser Brief, der an mich gerichtet war, kam erst mit großer Verzögerung in meine Hände. Das Verbot wurde mit einem Artikel begründet, den ich im «Neuen Deutschland» gegen die amerikanischen Pläne über die Wasserstoffbombe veröffentlicht hatte.[2] In diesem Artikel, der international ungeheures Aufsehen erregte, hatte ich beschrieben, wie man Wasserstoffbomben herstellen könnte. Ich hatte irgendwie eine Vorahnung, welches Verfahren wohl das geeignete werden würde. Jedenfalls beschrieb ich auch die Bombe, die darauf beruht, daß Lithium-Hydrid in zwei Heliumkerne zerfällt, die thermonukleare Reaktion, die die einfachsten Bedingungen für ihre Verwirklichung hat. Der Brief ging auch nach Göttingen, wo die von den Westmächten anerkannte Hauptverwaltung der Kaiser-Wilhelm-Gesellschaft saß.

Es dauerte ziemlich lange, bis man sich dort unter genügend Druck hatte setzen lassen, um meine Entlassung zu erreichen. Die Amerikaner waren der Meinung, ich wäre möglicherweise ein Atomspion und hätte – top secret – ihre eigene Atombombenforschung irgendwie herausgefunden und ausspioniert. So

2 Robert Havemann: *Trumans großer Theaterdonner. Was die Wissenschaft zur «Wasserstoff-Superbombe» sagt*, «Neues Deutschland» v. 5. 2. 1950; siehe unten, S. 126.

kam es schließlich zu der bemerkenswerten Zusammenkunft zwischen Prof. Bonhoeffer, dem Direktor des Instituts, Prof. Stranski und mir. Prof. Bonhoeffer war inzwischen mein Nachfolger geworden. Vorher war er Direktor des Physikalisch-chemischen Instituts der Humboldt-Universität gewesen und davor Professor in Leipzig. Er hatte veranlaßt, daß ich nach meinem Rausschmiß aus der Leitung der Kaiser-Wilhelm-Institute sein Nachfolger in der Bunsenstraße, dem Institut für physikalische Chemie der Humboldt-Universität, wurde, während er Direktor des Instituts in Dahlem wurde, was für ihn natürlich einen Aufstieg bedeutete.

Der zweite, nicht weniger interessante Mann, Prof. Stranski, war ein bulgarischer Wissenschaftler, der schon in der Nazizeit nach Deutschland gekommen und auch an dem Institut tätig war. Ihn fand ich schon im Institut vor, als ich 1945 dort ankam. Stranski, der später lange Jahre Rektor der Technischen Universität Berlin in Charlottenburg war, und Herr Bonhoeffer versuchten mir in dieser Zusammenkunft klarzumachen, daß es nicht anginge, daß man die Politik der Besatzungsmacht, von der man abhinge, in so schonungsloser Weise angriffe, schließlich sei sie der Geldgeber für diese wissenschaftliche Forschung. Merkwürdigerweise hat Herr Bonhoeffer auch noch gesagt, er verstünde nicht, wieso ich – indem ich für das Lithium-Hydrid einträte – ausgerechnet eine chemische Reaktion mit einer Kernreaktion verwechsele. Aber auf diesem Gebiet kannte Herr Stranski sich besser aus und erklärte Herrn Bonhoeffer, daß das wohl ein Mißverständnis seinerseits wäre. Diese beiden Herren waren meines Erachtens nach in einer sehr peinlichen Lage: Sie sollten den Rausschmiß eines Wissenschaftlers rechtfertigen, der eigentlich nur deswegen aus seiner wissenschaftlichen Arbeit entfernt werden sollte, weil er für den Frieden und damit gegen den Mißbrauch wissenschaftlicher Forschung für Massenvernichtungszwecke eingetreten war und diese Meinung offen geäußert hatte. Aber das durfte man eben nicht, schon gar nicht, wenn man ein Kommunist war und seine Meinung auch noch in einer kommunistischen Zeitung veröffentlichte. So hatte ich von einem Tag auf den anderen Hausverbot, wurde aus meiner Wohnung exmittiert und zog um in eine Wohnung in Zehlendorf, später nach Kleinmachnow bei Berlin und trennte mich dann endgültig ganz von Westberlin.

Als ich im Jahre 1948 das Institut in der Bunsenstraße übernommen hatte, war es noch fast unverändert: Ein Trümmerhaufen, wie ihn der Krieg hinterlassen hatte. Bonhoeffer hatte sich so gut wie gar nicht darum bemüht, das Institut in Ordnung zu bringen. Ich bekam sofort auf dringenden Antrag eine größere Geldsumme, um zumindest erst mal die baulichen Schäden zu beseitigen, das Institut aufzuräumen und alle Räume langsam wieder benutzbar zu machen. Im Laufe von zwei Jahren war es auch einigermaßen gelungen, das Institut halbwegs arbeitsfähig zu machen, natürlich mit verhältnismäßig primitiven Mitteln, wie alten Apparaten, vielen Provisorien, einer Werkstatt mit ausgeleierten Drehbänken, wie das damals allgemein üblich war. Aber wir kamen in Schwung, und meine wissenschaftlichen Arbeiten an diesem Institut haben mir im Laufe der darauffolgenden Jahre sehr viele Freuden bereitet und auch zu Erfolgen geführt, besonders auf dem Gebiet der Fotochemie, das dann mein Spezialgebiet wurde.

Im Zusammenhang mit meinen Forschungen in der Fotochemie bekam ich auch wieder engeren Kontakt mit Otto Warburg, den ich ja schon 1945 persönlich kennengelernt hatte. Vorher war er mir natürlich auch bekannt gewesen als ein weltberühmter Mann, der ein Institut in Dahlem hatte. Ich besuchte ihn oft, und wir berieten gemeinsam über die Probleme der Fotosynthese. Ich bin heute immer noch der Meinung, daß seine Ansichten über den Primärvorgang der Fotosynthese in Pflanzen die einzig richtige Theorie ist und alle anderen mehr physikalisch konstruierten Theorien fehlerhaft sind.

Im folgenden möchte ich näher darauf eingehen, warum ich Mitglied der Volkskammer wurde und es auch so lange blieb. Zunächst einmal war ich damals, also 1950, felsenfest davon überzeugt, daß der Weg, der in der DDR unter der Führung der Sowjetunion und unserer Einheitspartei von Sozialdemokraten und Kommunisten eingeschlagen worden war, der einzig richtige war und daß nicht die Russen und nicht der «Osten», nicht die

Kommunisten Deutschland gespalten hatten, sondern daß die Spaltung vom Westen ausging. Zuerst wurde ja die Bundesrepublik gegründet, zuerst wurde die Westmark geschaffen, womit die ökonomische und schließlich auch politische Spaltung Deutschlands eben vorweggenommen wurde, und die DDR, der Osten, folgten zwangsläufig und mußten schließlich auch ihr Geld umstellen und ihre eigene Regierung bilden. Für mich gab es überhaupt keinen Zweifel daran, daß der Fortschritt, das Gute, der Humanismus auf unserer Seite hier im Osten war und nicht auf der Seite des Westens. Natürlich war es klar, daß das DDR-Parlament, die Volkskammer, eine Abstimmungsmaschine war, in der nur Beschlüssen zugestimmt wurde, die schon vorher im Apparat der Partei, im Zentralkomitee der Partei ausgearbeitet worden waren und dort genehmigt wurden. Dort wurden sie diskutiert, eventuell auch über sie abgestimmt, aber hier im Parlament geschah es nur zum Schein.

Das störte mich zunächst mal gar nicht, weil ich ja als Abgeordneter, als Mitglied der Volkskammer in Ausschüssen und auch in Beratungen mit führenden Genossen im Zentralkomitee der SED Einfluß auf die Entscheidungen und auf die Pläne ausüben konnte. Überhaupt machte ich mir wenig Illusionen über das sogenannte parlamentarische Regime in westlichen Ländern, in denen auch vieles hinter verschlossenen Türen und nicht im Parlament beschlossen wird. Auch die westlichen Parlamente selbst in den besten parlamentarischen Demokratien sind zum Teil Orte, in denen Theater veranstaltet und nur der Anschein erweckt wird, als ob die Entscheidungen dort gefällt werden. Wenn man noch hinzufügt und bedenkt, daß diese Zeiten damals wild, schwierig und voller Not waren, mit ungeheuren Spannungen zwischen Ost und West, der Gefahr eines Atomkrieges, schärfster Konfrontation zwischen der Sowjetunion und den USA, dann kann man verstehen, daß man alle diese Erscheinungen damals eben nicht so ernsthaft und ausgewogen miteinander verglichen hat. Wir haben mehr an das ferne Ziel Kommunismus als an den Augenblick des Tages gedacht. Außerdem muß ich natürlich bekennen, daß ich unter dem Einfluß der privilegierten Stellung, die ich mit der Zeit immer mehr und mehr bekam, auch den Wirkungen einer gewissen

Korruption ausgesetzt war. Ich war zwar immer ein schärfster Gegner jeder Art von elitärer Denkweise, praktisch aber geriet ich in dieses Fahrwasser hinein: in eine Art von Mißachtung dessen, was die öffentliche Meinung ist, wie man auf sie zu reagieren hat. Das eigene Denken wird doch oft von Motiven bestimmt, über die man nicht den Mut hat, sich wirklich Klarheit zu verschaffen.

Als Stalin im Jahre 1953 starb, habe ich öffentlich erklärt, daß ich mein Leben, meine Befreiung und meine Rettung diesem Mann zu verdanken habe. Daß ich durch die Rote Armee im Jahre 1945 als Todeskandidat aus dem Zuchthaus befreit worden war, personifizierte ich als Stalins Tat. Ich wußte, daß das eine Übertreibung und eine unberechtigte, irreführende Darstellung war, aber ich glaubte, sie würde uns helfen und wäre notwendig.

Auch die Ereignisse des Jahres 1953 und insbesondere den Volksaufstand der DDR am 17. Juni kann man nur im Zusammenhang mit dem Tod Stalins verstehen. Nach seinem Tod begannen in der Sowjetunion ganz offensichtlich die Kämpfe der Diadochen. Die Entscheidung, welche Gruppe die Macht übernehmen würde, fiel erst sehr spät. Diese Kämpfe in der Führungsspitze der KPdSU übertrugen sich auch auf die abhängigen Parteien der DDR und der anderen sogenannten sozialistischen Staaten. Wir, die wir nicht direkt in dieser Führungsspitze saßen, bemerkten davon zunächst wenig. Das erste, was uns auffiel, war eine geheime Anweisung, die schon bald nach dem Tod Stalins in der Partei ausgegeben wurde, daß das Wort Sozialismus aus dem Parteivokabular für die DDR absolut zu streichen sei, obwohl noch einige Monate zuvor auf der II. Parteikonferenz der SED im Juli 1952 Ulbricht den Aufbau des Sozialismus verkündet hatte.

Etwa eine Woche vor dem 17. Juni 1953 fand die berühmte Tagung des Politbüros vom 9. Juni statt, auf der der sogenannte «Neue Kurs» verkündet wurde. Dieses Dokument des Politbüros löste den 17. Juni aus. In diesem Beschluß wurde die gesamte bisherige Politik kritisiert, ganz besonders die Politik des sogenannten verschärften Klassenkampfes in der DDR: der sich ausdrückte in solchen sinnlosen Maßnahmen wie der Abschaffung der Lebensmittelkarten für bestimmte Gruppen von Rentnern, die zu ungeheuer überhöhten Preisen selbst Marmelade und Margarine kaufen mußten, und besonders in ständigen Normerhöhungen in der Industrie, damit einer wachsenden Arbeitsbelastung der Arbeiter. Der Widerstand in der Arbeiterschaft wuchs, aber er konnte sich nicht politisch manifestieren, weil die Unterdrückungsmaschine noch auf vollen Touren lief. Als dann aber dieser Politbürobeschluß veröffentlicht wurde, brach das Eis. Es war das erste Mal, daß die Partei selbst zugab, Fehler gemacht zu haben, und bereit war, eine ganze Reihe harter Bestimmungen zurückzunehmen. So kam es schließlich am 16. Juni zu den Forderungen der Bauarbeiter der Stalinallee nach der Zurücknahme der letzten Erhöhung der Arbeitsnormen von 10 Prozent in der Industrie und im Bauwesen. Als die Arbeiter am 16. Juni in Berlin demonstrierten, wich das Politbüro sofort zurück. Mein Freund Heinz Brandt, damals Sekretär der Bezirksleitung Berlin, wandte sich an das Politbüro mit der Frage, was geschehen sollte, die Arbeiter zögen schon vor die Ministerien. Er solle den Arbeitern des Demonstrationszuges sagen, daß die 10-Prozent-Normerhöhung aufgehoben und selbstverständlich die alten Normen weiterhin gültig seien, war die kurze Antwort, die ihm mitgeteilt wurde. Ich weiß noch wie heute, wie wir uns, noch bevor die Arbeiter vor den Ministerien in der Lepsiusstraße ankamen, dorthin begaben. Als sie schließlich angekommen waren, füllten sie den ganzen quadratischen Vorhof des ehemaligen Luftfahrtministeriums der Nazis, und Heinz Brandt stellte sich auf ein Fahrrad, um ein bißchen über die Massen hinwegzuschauen, und rief ihnen zu, daß das Politbüro die 10-Prozent-Normerhöhung aufgehoben hätte. Tatsächlich war es natürlich einfältig und naiv von den Parteiführer zu glauben, daß dieses Zurückweichen dazu führen würde, daß die Männer sich beruhigten und nach Hause gehen würden. Natürlich war das Gegenteil der Fall: Sie sahen, wie leicht man seine Forderungen durchsetzen konnte, und gingen sofort zu weitergehenden Forderungen über und verlangten freie Wahlen. Ich weiß noch, wie ich mich damals auch auf den Tisch begeben habe, den man dort inmitten dieser Versammlung aufstellte und versucht habe, die Demonstranten darauf hinzuweisen, daß doch die Regierung der DDR vor nicht langer Zeit für freie Wahlen in ganz Deutschland eingetreten war. Wir sollten doch lieber drüben im Westen für freie Wahlen demonstrieren, denn dort seien diese Vorschläge abgelehnt worden. Aber selbstverständlich hatten diese schönen Reden keinen Erfolg, und der weitere Verlauf der Demonstration war nicht aufzuhalten.

Erstaunlich war noch der Abend des 16. Juni. An diesem Abend veranstaltete die Bezirksleitung Berlin gemeinsam mit dem Politbüro eine außerordentliche Parteikonferenz, eine Aktivtagung der Partei im Friedrichstadtpalast. Bei dieser riesigen Versammlung zeigte sich die Parteiführung als vollständig blind gegenüber den Vorgängen, die sich um sie herum abspielten. Sie schimpften auf die marodierenden Lumpenproletarier, die nicht das Wesen ihrer politischen Pflichten erkannt hätten. Es war ganz klar, daß alle, die gegen sie Kritik geübt hatten, vom Standpunkt des Politbüros aus Verräter, Dummköpfe, Schädlinge und Leute waren, die im Auftrag des Westens in verbrecherischer Weise gegen den Aufbau des Sozialismus kämpften. Diese grobe Sichtweise der Versammlung, in der sich außerdem auch noch alle gegenseitig mit Lobreden übertrafen, Grotewohl den Ulbricht und Ulbricht die übrigen: Es war einfach eine peinliche Versammlung.

Nach dem 17. Juni wurde der Kampf in den Parteispitzen entschieden. In der Sowjetunion unterlag die Gruppe mit Sicherheitschef Berija, in der DDR war es die Zaisser-Herrnstadt-Gruppe[3], die gehofft hatte, mit dem Ulbricht-Kurs Schluß ma-

---

3 Die Gruppe Zaisser-Herrnstadt wurde im Januar 1954 «zerschlagen». Die Gruppe opponierte im Jahr 1953 gegen Ulbricht und stand in Moskau in Verbindung mit L. Berija, Stalins letztem Sicherheitschef, der in den Diadochenkämpfen des Jahres 1953 verlor und erschossen wurde. Zu der Gruppe gehörten: Wilhelm Zaisser (1893–1958), Volksschullehrer, 1920 KPD, Spanienkämpfer («General Gomez», Stabschef der Internationalen Brigaden), 1950–1953 Minister für Staatssicherheit, 1954 Ausschluß aus der SED. Rudolf Herrnstadt (1903–1966), KPD 1924, Journalist, 1949–1953 Chefredakteur des «Neuen Deutschland», 1954 Ausschluß aus der SED, die anderen Mitglieder der Gruppe Hans Jendretzky, Anton Ackermann und Elli Schmidt kamen mit einer Rüge davon und wurden aus dem ZK der SED entfernt.

chen zu können. Auch der Chef der Berliner Bezirksleitung Hans Jendretzky sympathisierte ganz offensichtlich mit der Zaisser-Herrnstadt-Gruppe und geriet bald deswegen bei Ulbricht in Ungnade. Er wurde aus seiner Parteistellung gefeuert und zum Vorsitzenden des Rates des Bezirks Neubrandenburg degradiert. Auch Heinz Brandt, der mit Jendretzky befreundet war, geriet dabei unter den Beschuß der Ulbricht-Gruppe. Letztlich spielten sich damals entscheidende Vorgänge ab, die dazu führten, daß Heinz Brandt später die DDR verließ, von Ulbricht verfolgt, in Westberlin 1961 gekidnappt und dann für viele Jahre nach Bautzen gebracht wurde.

Die Vorgänge am 17. Juni und danach hatten zwar eine starke Wirkung auf mich und beunruhigten mich sehr, aber sie genügten nicht, um mir «die Augen zu öffnen» über das System des Stalinismus. Das geschah erst nach dem XX. Parteitag der KPdSU[4] im Jahre 1956. Mir war allerdings klar, daß es sich bei dem Volksaufstand vom 16. und 17. Juni nicht um eine Entgleisung der Arbeiterbewegung handelte oder um ein Komplott feindlicher Geheimdienste, sondern um ein ganz außerordentliches politisches Ereignis. Deswegen engagierte ich mich auch sofort ganz intensiv. Auch nach der Niederschlagung habe ich in einer großen Zahl von Großbetrieben versucht, die allgemeine These der Partei über den 17. Juni zu begründen und zu rechtfertigen. Aber tatsächlich war es eben politische Blindheit. Der 17. Juni war eine einmalige Chance nach 1945 für die deutschen Kommunisten, zu einer selbständigen Politik zu kommen. Statt diese Chance zu ergreifen, kämpften die Diadochen untereinander und machten sich die Macht streitig. Alle waren blind gegenüber dem, was sich da abspielte. Zaisser-Herrnstadt und auch Jendretzky hofften, ihre Parteikarriere zum Gipfel führen zu können, Ulbricht fürchtete mit Recht um seine Macht, und in

4 XX. Parteitag der KPdSU 1956: Walter Ulbricht nannte ihn «den bedeutendsten Parteitag nach Lenins Tod», und das war er wohl auch. Auf diesem Parteitag prangerte der Generalsekretär der KPdSU Nikita Sergejewitsch Chruschtschow in einer geheimen Sitzung des Parteitages Stalins Verbrechen an und begann offiziell die «Entstalinisierung». Damit verursachte er eine tiefe «Glaubenskrise» in der kommunistischen Weltbewegung.

diesen Machtkämpfen entschied schließlich das sowjetische Militär.

Die Partei hätte sich damals nicht gegen die Arbeiter zur Wehr setzen und den Protest nicht niederschlagen müssen, sondern ihn auffangen und sich mit ihm identifizieren können. Das hätte eine ungeheure Wirkung gehabt in ganz Deutschland. Und so schlug nur alles gegen unsere Partei und gegen den Internationalismus aus. Es wurde zu einer ekelhaften, häßlichen Phase der Unterdrückung durch die Besatzungsmacht. Bis heute ist der 17. Juni das Trauma der Politbüros der SED. Ihre entsetzliche Furcht, daß so etwas für sie völlig Unvorhergesehenes doch wieder einmal geschehen könnte, besteht nach wie vor. Deswegen sitzen sie in Wandlitz hinter Mauern, Stacheldraht und Wachtürmen, deswegen fahren ihre Autokolonnen mit splittersicherem Glas und Panzerplatten, deswegen wird die halbe Stadt abgesperrt, wenn einer von den Herren sich auf den Straßen der Stadt bewegt. Niemals war in Deutschland der Abstand zwischen dem Volk und seiner Regierung größer als jetzt, weder bei Wilhelm II. noch gar in der Weimarer Republik, nicht einmal bei den Nazis. Hitler konnte sich ungeniert bewegen, ohne Furcht zu haben, die Mehrheit war ja auf seiner Seite. Das spricht natürlich nicht für die Politik Hitlers, sondern für die entsetzliche politische Situation in Deutschland und im Nachkriegseuropa der dreißiger Jahre. Die Kommunisten haben es nicht verstanden, den ungeheuren Kredit auszunützen, der ihnen mit dem Untergang Hitlers zufiel. Das ist die Tragödie der DDR.

Wie ich schon erwähnte, kam die entscheidende Wende meiner eigenen Einstellung erst nach dem XX. Parteitag der KPdSU in Moskau. Mit einemmal begriff ich, daß ich ein Opfer von Hoffnungen, Illusionen und Täuschungen geworden war. Ich hatte alle Berichte über die Verhältnisse in der Sowjetunion, über die Verfolgung, über die unbarmherzigen, unmenschlichen Konzentrationslager Stalins, über die Moskauer Prozesse der dreißiger Jahre für reine Lügenpropaganda der Nazis und der Kapitalisten gehalten. Arthur Koestlers «Sonnenfinsternis» («Darkness at Noon») las ich 1945 – ein amerikanischer Besatzungsoffizier hatte mir das Buch gegeben. Ich fand es glänzend geschrieben und sicher sehr wirksam, aber seinen Inhalt hielt ich für Hetze und Lüge. Daß es heute beinahe – wenn man den «Archipel Gulag» von Solschenizyn gelesen hat – wie eine relativ blasse Bühnendarstellung der wirklichen Vorgänge in der Sowjetunion erscheint, hätte ich mir kaum träumen lassen. Die Enthüllungen Chruschtschows auf dem XX. Parteitag hatten in den Staaten des sogenannten Sozialismus in Europa eine ungeheure Wirkung. Dabei wurden nicht nur die Verbrechen Stalins in der Sowjetunion, sondern auch die Verbrechen der Parteiführungen in vielen dieser Länder dargelegt: der Rajk-Prozeß[5] (Ungarn 1949, M. W.), der Slánský-Prozeß (ČSSR 1952, M. W.) und auch in der DDR und in Polen. Es brach eine riesige Barriere gegen den Antikommunismus zusammen, eine Barriere, von der wir früher geglaubt hatten, daß sie für uns ganz unüberwindlich war. Bei mir war es eigenartigerweise so, daß der XX. Parteitag mich zwar aufs tiefste erschütterte und daß ich natürlich über all diese fürchterlichen Verbrechen empört war, aber mein Verhältnis zur Sowjetunion, sogar auch zur sowjetischen Partei wurde dadurch nicht in Frage gestellt. Im Gegenteil, ich bewunderte die Tatsache, daß die sowjetische Partei die Kraft besessen hatte, selbst die Reinigung von dieser Krankheit durchzuführen, daß der Parteitag der KPdSU in der Sowjetunion mit Stalin und seinen Verbrechen selber Schluß machte und nicht irgendwelche Einwirkungen von außen, Krieg, Niederlage oder dergleichen, Schwächung des Regimes durch äußere Faktoren die Ursache für diese Revision war. Ich habe in Parteiversammlungen damals immer wieder erklärt, daß der Personenkult, wie er unter Hitler bestand, niemals durch die Nazipartei selbst hätte revidiert werden können. Das ist eben der ungeheure Unterschied zwischen der kommunistischen Bewegung und der Kom-

5 Mit dem Prozeß gegen den ungarischen Außenminister Laszlo Rajk und seine Mitangeklagten im September 1949 begann die Serie der osteuropäischen Schauprozesse gegen «Nationalkommunisten», «Titoisten» aus den Reihen der kommunistischen Parteien Ungarns, Bulgariens (Kostow Dezember 1949), der Tschechoslowakei (Rudolf Slánský 1952), in denen in vielen Fällen Todesurteile verhängt wurden. Auch in Polen wurden viele Funktionäre, darunter W. Gomulka, verhaftet, und in der DDR wurde ebenfalls ein deutscher «Rajk-Prozeß» vorbereitet. Sein Opfer soll auch schon festgestanden haben: Franz Dahlem.

munistischen Partei der Sowjetunion und dem Sozialismus in diesen Ländern und dem, was sich als Nationalsozialismus, als Faschismus abgespielt hatte in Deutschland. Daran liegt es, daß die Kommunisten fähig sind, sich zu revidieren, ihre eigenen Fehler einzusehen und zu korrigieren und wieder zu dem zurückzufinden, von dem sie abgewichen waren: von dem Wege der Gerechtigkeit, der Menschlichkeit und der Freiheit.

Mein Vertrauen zur Partei wurde auch dadurch nicht erschüttert, daß ich selbst schon bald nach dem XX. Parteitag in einen ideologischen Streit verwickelt wurde, der direkt mit dem XX. Parteitag zusammenhing. Ich hatte auf direkte Anweisung Ulbrichts einen ganzseitigen Artikel im «Neuen Deutschland» veröffentlicht mit dem Titel: «Für den wissenschaftlichen Meinungsstreit – gegen den Dogmatismus»[6]. In diesem Artikel hatte ich mich auf Engels berufen und gesagt, daß es keine von den Wissenschaften unabhängige Philosophie geben könnte, keine aparte Wissenschaftswissenschaft, wie Engels es nennt. Sondern daß die Philosophie, gerade auch der dialektische Materialismus, den ich überhaupt mit alten Philosophien nicht identifizieren wollte, bestenfalls des Inhalt der positiven Wissenschaften sich zu eigen macht, aber keinen eigenen Gegenstand hat wie andere Wissenschaften, vielmehr alle Gegenstände zum Gegenstand hat, wie ich schrieb, aber immer nur vermittelt über die Einzelwissenschaften.

Diese Äußerungen riefen einen stürmischen Protest unserer Philosophen hervor. Ich wurde mit aller Schärfe attackiert, denn ich bedrohte ja die Lehrstühle dieser Herren. Es gab ganztägige Diskussionssitzungen in dem Institut für Gesellschaftswissenschaften in der Taubenstraße, wo ich einer ganzen Phalanx von DDR-Philosophen gegenübersaß und meine Position verteidigen mußte. Das Ganze ging aus wie das Hornberger Schießen und endete damit, daß ich dann noch mal einen Artikel im «Neuen Deutschland» schrieb, der ein bißchen zahmer in der Schärfe der Ausdrucksweise war, aber im Grunde genau das

6 In: Robert Havemann: *Rückantworten an die Hauptverwaltung «Ewige Wahrheiten»*, hg. v. H. Jäckel, München 1971, S. 16ff.

gleiche nochmals betonte, was ich in dem ersten Artikel schon zu diesem Thema gesagt hatte.

Zur gleichen Zeit hatte ich auch mit Harich Meinungsverschiedenheiten. Harich hatte einen Artikel veröffentlicht, im «Sonntag» – das ist die Zeitung des Kulturbundes –, der Artikel hieß «Rückfragen an Robert Havemann». Ich hatte einen Antwortartikel geschrieben mit dem Titel «Rückantworten von Robert Havemann», aber Harich als guter Journalist zitierte einen Begriff aus meinem Artikel, nahm ihn in den Titel hinein, und so kam der Titel zustande: «Rückantworten an die Hauptverwaltung ‹Ewige Wahrheiten›»[7], womit ich die Philosophen natürlich meinte. Harich hatte mir gegenüber alle Positionen der doktrinären Philosophen der DDR vertreten, und niemand ahnte zu diesem Zeitpunkt, daß er schon damals mit einer Gruppe von Leuten aus dem Aufbau-Verlag und Kulturbund und anderen in konspirativer Weise eine neue Plattform für die DDR-Politik ausgearbeitet hatte. Harich machte den Fehler, den viele Intellektuelle machen, die anfangen, an ihren politischen Überzeugungen zu zweifeln: Er behielt seine Zweifel für sich und trat nach außen auf, als sei er unverändert ein vollständig linientreuer, gehorsamer und zuverlässiger Genosse. Nur im allerkleinsten Kreise, geheim und hinter geschlossenen Türen, begann er mit wenigen Vertrauten, seine Ansichten zu diskutieren. Wenn Leute politisch so vorgehen, dann kann es gar nicht ausbleiben, daß in dem Augenblick, wenn sie plötzlich mit einem kompletten Manifest oder Text vor die Öffentlichkeit treten, alle Leute aus den Wolken fallen und sich über das wundern, was hier geschehen ist. Die Verdächtigung, daß es sich um einen Verräter handelt und jemanden, der im Grunde schon die ganze Zeit hinter dem Rücken der Partei unehrlich war, kann sehr leicht entstehen und auch begründet werden. Wenn man politisch wirksam sein will, ist es notwendig, niemals seine Gedanken und Ideen zu verheimlichen, sondern alles zu tun, damit sie so früh wie möglich und noch im Stadium der ersten Entwicklung allgemein bekannt werden. Es darf kein abrupter Übergang sein von einem

7 In: Robert Havemann: *Rückantworten an die Hauptverwaltung «Ewige Wahrheiten»*, a. a. O., S. 35 ff.

parteitreuen Genossen zu einem scharfen Kritiker, außer ein solcher Übergang ist tatsächlich auch so erfolgt, und dann kann er ja auch begründet werden. Aber die Taktik, mit seiner Meinung hinter dem Berg zu halten, nichts zu sagen und still und heimlich politische Theorien auszuarbeiten, von denen niemand etwas erfährt, um dann plötzlich die ganze Weltöffentlichkeit oder wenigstens die Partei mit diesem außerordentlichen Ergebnis eigenen Nachdenkens zu überraschen, diese Methode ist gefährlich und fehlerhaft. Im Grunde äußert sich darin eben doch ein großes Mißtrauen gegenüber der Partei selbst und auch die Hoffnung, daß durch einen plötzlichen Stoß eine Veränderung herbeigeführt werden könnte. Da das natürlich wohl kaum Aussicht auf Erfolg hat, sind die Betreffenden dann um so leichter umzuwerfen und fallen auf Positionen zurück, die noch vor denen liegen, von denen sie ausgegangen sind. Und genau das ist mit Harich geschehen. Harich ist nach seinen neun Jahren Bautzen zurückgekommen als ein politisch gebrochener Mann. Er hat im Gefängnis eine Rolle gespielt, die nicht sehr gut war. Heute ist Harich ein Konformist ohne jede politische Relevanz.

V
Perspektiven

«Wir Kommunisten sind gezwungen, unsere eigene Geschichte, die wir selbst gemacht haben, auch mit dem Seziermesser des Marxismus zu analysieren, wenn wir sie verstehen wollen.»

Robert Havemann ist Kommunist geblieben. Er verfolgt die Entwicklung des Eurokommunismus mit großer Aufmerksamkeit, er diskutiert Rudolf Bahro – er entwirft – aus der erzwungenen Isolation seine Perspektiven. Seine persönliche Perspektive stellt er dabei hintan.

Die Fragen

Wie schätzen Sie die Zukunft des Kapitalismus ein?

Welche Bedeutung hat er für die Staaten des «realen Sozialismus»?

Wie beurteilen Sie Rudolf Bahros «Alternative»?

Kommunist und Kommunismus – was bedeutet beides heute?

Die Erfahrung lehrt, daß die Geschichte nicht stehenbleibt. Woher allerdings Anstöße zur Veränderung kommen werden, kann man natürlich noch nicht sagen. Aber die Anstöße werden kommen, nicht nur von innen, sondern wahrscheinlich auch von außen, denn auch in den anderen Ländern des sogenannten sozialistischen Lagers sind die Verhältnisse ganz ähnlich, besonders in der Sowjetunion. Diese Art von real existierendem Sozialismus ist nicht lebensfähig, sie kann sich nicht behaupten, am wenigsten in der Konkurrenz mit dem real existierenden Kapitalismus.

Der Kapitalismus ist zur ständigen Erweiterung seiner Produktion mit Hilfe des technischen Fortschritts gezwungen, um den Wirkungen des Gesetzes von der Tendenz der fallenden Profitrate zu entgehen. Dieses Gesetz, das von Marx entdeckt wurde, besagt, daß bei konstanten Produktionsbedingungen durch die Konkurrenz auf dem Markt die Profitrate ständig sinken muß, und schließlich der Profit einem Minimum zustrebt, das nicht ausreicht, um eine erweiterte Reproduktion zu ermöglichen. Eigentlich könnte der Kapitalismus einer solchen Wirkung durch dieses Gesetz dadurch entgegen, daß er sich in ein vollständiges Staatsmonopol verwandelt, d. h. die Konkurrenz auf dem Markt praktisch ausschaltet, um so auch bei konstanter Produktion zu bestehen – ohne Wachstum oder mit der Wachstumsrate Null. Das Erstaunliche ist ja, daß das Wirtschaftssystem, das in den sogenannten real existierenden sozialistischen Staaten eingerichtet ist, eben ein solches Staatsmonopol darstellt. Hier hätte man tatsächlich die Möglichkeit, sich ohne den Zwang zum ständigen Wachstum diesem Gesetz zu entziehen, ohne daß deswegen das System bereits sozialistisch genannt werden kann.

Aber das Unglück will es, daß die Produktion in den sozialistischen Staaten ökonomisch und technologisch, aus historischen Gründen zunächst einmal, hinter den Produktionsbedingungen und -technologien des kapitalistischen Westens um viele Jahre zurückgeblieben ist und nun zu einem ständigen Konkurrenzstreben gezwungen ist. Die sozialistischen Staaten versuchen mit aller Gewalt, die Produktionsleistungen des kapitalistischen Westens zu erreichen oder möglichst zu übertreffen. Aber weil sie das wollen und sich dazu gezwungen sehen, geraten sie ins Schlepptau dieses allgemeinen Gesetzes: Sie müssen ständig ihre Produktion vergrößern und deshalb ständig «Kapital» akkumulieren, und damit also auch die Bevölkerung immer wieder ausbeuten, so wie es der Kapitalismus tut. Das unsinnige Tempo des Verschleißes von ökonomischen Leistungen, das mit dem sogenannten Wachstum verbunden ist – das ja im Grunde kein richtiges Wachstum ist, sondern eine wachsende Verschwendung hochwertiger Arbeitsleistung –, ist auch bedingt durch den gesellschaftlichen Aufbau im Lande, durch den hierarchischen Aufbau der Gesellschaft, durch die Tatsache, daß eine kleine Clique von Leuten, die keiner demokratischen Kontrolle unterliegt, sich ständig dadurch zu rechtfertigen versucht, daß sie auf ihre Produktionsleistung hinweist. Und dabei ergibt sich nun wieder der Irrsinn, daß gerade diese Leute, deren politische Existenz vom ökonomischen Erfolg abhängig zu sein scheint, selbst wiederum von diesen ökonomischen Fragen wenig verstehen und auch auf sie nicht vorbereitet waren und sind. Dadurch entsteht ein ungeheures Mißtrauen dieser Schicht gegenüber allen Leuten, die von den jeweiligen Sachen etwas verstehen. Das sind sowohl Wirtschaftsfachleute wie auch technische Experten. Sie werden ständig verdächtigt, sich auf irgendeine Weise in eine Machtposition des Staates einschleichen zu wollen. Das ist so ein Circulus vitiosus. Man möchte den Kapitalismus überrunden, man möchte ihm quasi auch entfliehen, gleichzeitig ist man ihm hoffnungslos ausgeliefert und führt nur seine am höchsten entwickelte Form, den Staatsmonopolismus, im eigenen Lande praktisch vor. Allerdings mit dem Unterschied, daß der Staatsmonopolismus in einem modernen kapitalistischen Staat wahrscheinlich effektiver wäre als dieses System der demokratisch unkontrollierten Politbüroherrschaft.

Sozialismus ohne Demokratie, ohne demokratische Kontrolle aller Machtfunktionen, ohne demokratische Entscheidung über die Produktionspläne, über die Ziele der gesellschaftlichen Arbeit, der gesellschaftlichen schöpferischen Tätigkeit, ist undenkbar. Das ist kein Sozialismus, wenn die ungeheure Mehrheit der Menschen vollständig den Entscheidungen einer kleinen winzigen Gruppe ausgeliefert ist. Das muß umgekehrt sein. Alle

Fragen müssen öffentlich sein, alle Fragen müssen Fragen sein, müssen erst gestellt und in breitester Diskussion entschieden werden. Damit allein ergeben sich auch die neuen Ziele des Sozialismus, die eben auch ökonomisch andere sind als die des Kapitalismus. Es ist z. B. ein Wahnsinn, daß in diesen Ländern die gleiche unsinnige Politik mit den Privatautos verfolgt wird. Jedem ein Auto: Das führt zur Verstopfung aller Straßen, aller Wege und zu einer schrecklichen Blechlawine, zu furchtbaren, entsetzlich vielen tödlichen Verkehrsunfällen. Nein, diese Entwicklung nachzumachen, ist einfach widersinnig. Der Sozialismus wäre in der Lage, diese Verkehrsprobleme zu lösen und zu erreichen, daß die Menschen mit modernen Verfahren ihre Transportwünsche auch ohne eigenen Personenwagen erfüllen könnten, Personenwagen, die den größten Teil ihrer Lebensdauer herumstehen und verrosten, verkommen und die Straßen blockieren. Aber das kann man auch bei unzähligen anderen Dingen nachweisen, die eigentlich im Sozialismus undenkbar sein müßten. Das Ziel der sozialistischen Ökonomie ist nicht Vermehrung der Produktion, Erhöhung des Konsums, sondern im Gegenteil, Erhöhung der Freizeit, ständiges Herabsetzen der notwendigen Arbeitszeit, Schaffung großer Freiheiten in der Entscheidung über das Leben des einzelnen dadurch, daß man nicht arbeiten *muß*, bis auf ein bestimmtes Minimum, das – je nach Wunsch – zeitlich zusammengedrängt sein kann oder auch auf viele Jahre, auf das ganze Leben verteilt werden kann. Natürlich wird oft gefragt: Werden denn die Menschen mit dieser großen Freiheit etwas anfangen können? Was werden sie tun, wenn sie so viel Zeit haben und sie nicht arbeiten müssen, wenn die Arbeit sich reduziert auf zwei Monate im Jahr oder auf ein paar Stunden am Tag, was machen sie dann? Was sie dann bestimmt nicht machen werden, ist das, was sie im Kapitalismus machen oder was sie jetzt bei uns machen: Zu Hause hocken, ein kleines Häuschen bauen oder mit ihren Freunden trinken und sich betrinken. Ich sage nichts gegen das Vergnügen der Menschen miteinander, auch an Wein und Alkohol, aber es gibt ein viel größeres Vergnügen, dem sich die Menschen dann widmen werden, nämlich etwas zu lernen, die Welt kennenzulernen, ihr Wissen zu vergrößern, Kunst kennenzulernen und verstehen zu lernen oder, was noch weitergeht, sich mit den Kindern zu beschäftigen oder Lehrer zu werden. Die Menschen müssen doch begreifen, daß bisher die Entwicklung jedes Individuums so vom Zufall, fast immer vom unglücklichen Zufall gelenkt wird. In den seltensten Fällen haben die Kinder bei der Entwicklung in ihrer Jugend wirklich Glück, meistens haben sie Unglück. Mit dem Sozialismus könnte eine Zeit anfangen, in der die Kinder mit ihren Eltern und mit der Gesellschaft, in der sie leben, wirklich Glück haben und sich in ihrer Jugend wirklich vorbereiten, diese schöne, große, wunderbare Welt und menschliche Kultur wirklich kennenzulernen.

Ich habe meine Ansichten über die Oktoberrevolution und über den Eurokommunismus in meinen beiden Artikeln, die im «Kursbuch»[1] einerseits und in der italienischen Zeitschrift «Studii storizi»[2] (übersetzt von Lombardo Radice) erschienen sind, dargelegt. Ich glaube, daß die Oktoberrevolution nicht das Modell der modernen sozialistischen Revolution ist. Es ist mir vollkommen klar, daß ein ähnlicher Vorgang wie damals in Rußland in modernen westeuropäischen hochentwickelten kapitalistischen Staaten völlig ausgeschlossen ist. Die Oktoberrevolution fand meiner Meinung nach zur falschen Zeit am falschen Ort statt. Das soll nicht heißen, daß man Lenin und die Bolschewiki hätte davon abhalten sollen, diesen Versuch zu unternehmen. Aber auch die Pariser Kommune, für die das in noch extremerer Weise galt, fand am falschen Ort und zur falschen Zeit statt. Auch Marx wußte das, er hat aber, weil sie nun einmal zunächst zum Erfolg führte, nämlich zur Errichtung der Kommune, sich ganz auf ihre Seite gestellt, obwohl er von vornherein wußte, daß das nicht die Umwälzung der kapitalistischen Gesellschaft sein konnte. Auch Lenin war sich darüber im klaren, daß die russische Revolution allein niemals ausreichen würde, um den Kapitalismus in der Welt zu überwinden oder einen Staat zu schaffen, der später einmal auf irgendeine Weise den Kapitalismus in der ganzen Welt überwinden würde, ihn gewissermaßen an Leistung

1 Robert Havemann: *Volksfront im Westen – Sozialismus im Osten: ein Widerspruch*, in: Kursbuch 46 (Dez. 1976).

2 Robert Havemann: *Diktatur oder Demokratie*, in: ders.: *Berliner Schriften*, a. a. O., S. 175ff.

und sozialistischer Progressivität übertreffen könnte. Allein die Hoffnung, daß auch in den westeuropäischen höherentwickelten kapitalistischen Ländern die Arbeiterklasse mit der Revolution Ernst machen würde, rechtfertigte sie. Ich glaube, daß überhaupt diese Art von Revolution, wie die Oktoberrevolution, ein Widerspruch in sich ist, nicht nur wegen der vorgefundenen politischen und ökonomischen Verhältnisse in diesen Ländern – weder die Sowjetunion noch das alte Rußland hatten den Entwicklungsgrad erreicht, der nach Marx für die Umwälzung der Gesellschaft Voraussetzung ist. Die Art und Weise der Umwälzung entspricht gar nicht der Konzeption, die sich aus der marxistischen Analyse der Geschichte ergibt. Nach Marx entwickelt sich die zukünftige gesellschaftliche Formation stets schon im Schoße der alten Gesellschaft. Die neue Klasse entwickelt sich dort, und sie erringt auch schon politische Macht, allerdings nur in sehr beschränktem Maße, der ganze Staat, die staatliche Organisation, verbleibt in der alten Form. Der Überbau gerät in immer größeren Widerspruch zur ökonomischen und politischen Entwicklung. So war das bei der Entwicklung der Bourgeoisie und der kapitalistischen Gesellschaftsformation, die sich eben im Schoße des Feudalismus entwickelte. Dieser Prozeß dauerte Jahrhunderte. Die Revolution ist dann der Übergang, die Umwälzung des Überbaus, die Ausschaltung der alten Privilegien, der alten Klasse. Es muß auch nicht unbedingt eine Revolution mit Barrikaden und bewaffneten Aufständen sein. Es kann auch ganz friedlich vor sich gehen – mehr oder weniger jedenfalls. Die Revolution ist nicht der Ausgangspunkt der Umwälzung, sondern der Endpunkt. Der Endpunkt der großen Umwälzung, von dem, wenn er einmal erreicht ist, die neue Entwicklung ausgeht.

Ich stelle mir vor, daß das auch genauso für die Entwicklung des Sozialismus gilt. Auch er muß sich im Schoße der kapitalistischen Gesellschaft, der bürgerlichen Gesellschaft, erst entwikkeln. Die Arbeiterklasse entwickelt sich, sie erlangt ökonomische und politische Macht, schon lange vor der Revolution. Wir sehen das in den westlichen Ländern, in Frankreich, in Italien und jetzt auch in anderen Ländern, Spanien, Portugal, in England schon seit langer Zeit, aber auch in Nordamerika, wo die

Macht der großen Gewerkschaften eine bedeutende Rolle bei den großen Klassenauseinandersetzungen spielt. Schrittweise erobert die neue Klasse, die nicht die Arbeiterklasse im alten Sinne, das «reine Industrieproletariat» ist, sondern weite Schichten der Gesellschaft umfaßt, die man früher mit zum Kleinbürgertum rechnete, immer mehr Machtpositionen. In dem Maße, in dem sich der Kapitalismus in immer größere und schärfere Widersprüche verwickelt, gelangt die Gesellschaft in eine Situation, in der eine entschlossene Lösung der entstandenen Widersprüche eine unaufschiebbare Aufgabe wird. Man kann das heute schon von den kapitalistischen Staaten sagen. In Europa, aber auch in den Vereinigten Staaten, verschärfen sich die Widersprüche der kapitalistischen Gesellschaft immer mehr. Der Weltkapitalismus gerät aus seinen Fugen, die Währungskrisen hören nicht auf und werden immer schärfer. Sie zerstören den internationalen Handel und die internationale Arbeitsteilung. Alle Bestrebungen zur Integration kapitalistischer Länder scheitern daran, daß immer das Land mit dem tiefsten Niveau das allgemeine Integrationsniveau definiert und bestimmt. Dazu kommt der Zwang zur ständigen Erweiterung der Produktion und Reproduktion, der Zwang zum Wachstum, der zu immer größeren Widersprüchen führt, die Umweltverschmutzung und Verelendung der Massen in den Steinkästen, die vollkommene Verrohung der politischen Sphäre, der Terrorismus. Man muß bedenken, daß das Bild, das uns dort heute geboten wird, so grauenhaft ist, daß, wie ich glaube, vor dreißig, vierzig Jahren, selbst nach dem furchtbaren Zweiten Weltkrieg, kaum einer das für möglich gehalten hätte. Es kam ja direkt nach dem Zweiten Weltkrieg eine längere Periode scheinbar erfolgreicher, friedlicher und progressiver Entwicklung. Jetzt stolpert der Kapitalismus in seine Schlußphase hinein, ungenügend darauf vorbereitet und unfähig, mit den Problemen wirklich fertig zu werden. In dieser Situation gibt es natürlich keine Revolution nach dem Muster der «guten alten» Oktoberrevolution, sondern es gibt den Zusammenschluß aller Progressiven, aller quasi Linken, obwohl dieser Begriff beinahe schon entwertet ist durch die Ultralinken, die der Bewegung schaden. Es ist der große Kompromiß erforderlich, wie in Italien, der eine Art neue Volksfront ist, aber keine Wiederholung der alten, sondern eine ungeheure Einheit der Bewegung aller produktiven Menschen, aller, die unter den Folgen der kapitalistischen Fehlentwicklung zu leiden haben. Es ist notwendig, die Privilegien der kapitalistischen Gesellschaft aufzulösen, die Demokratie vollständig zu entwickeln, von ihren jetzigen Fesseln zu befreien. Was an Demokratie in den westlichen Ländern vorgeführt wird, ist ja zum großen Teil wirklich nur noch eine Farce. Darum glaube ich, daß die große Umwälzung, die Revolution, die uns in Europa bevorsteht, verhältnismäßig friedlich sein wird: Kein Kampf gegen die Polizei, kein Kampf mit Barrikaden, Bomben, mit Terror, sondern Entscheidungen in den großen parlamentarischen Gremien, in den demokratischen Institutionen, in denen über die Politik, über die Ökonomie, über Lohn und über die Kultur entschieden wird, durch Mehrheitsbeschluß, nach breitester Diskussion in der Öffentlichkeit und nicht mehr hinter verschlossenen Türen wie bisher. Natürlich befinden wir uns auch heute nicht nur in der Gefahr der ökonomischen Katastrophe, die etwa von den Zahlen des Berichtes vom Club of Rome angedeutet werden, sondern wir befinden uns nach wie vor auch in der Gefahr des Untergangs in einem Atomkrieg, wobei diese beiden Dinge wahrscheinlich eng zusammenhängen werden. Die ökologische Katastrophe und der Atomkrieg könnten sich gegenseitig bedingen. Solange es diese Waffen gibt, mit denen man die Erde unbewohnbar machen kann, solange leben wir in Gefahr und solange können wir nicht einmal in Ruhe Atomkraftwerke bauen, um unseren Energiebedarf zu sichern, weil eine einzige Atombombe auf ein Atomkraftwerk deren Wirkung verhundertfachen würde und unvorstellbare Katastrophen in Mitteleuropa auslösen könnte. Ein Atomkrieg ist einfach unter den Bedingungen der modernen Industrie, besonders eben auch der Atomtechnik, einfach unmöglich oder tödlich.

Wenn ich sage, daß die Revolution in den westlichen Ländern nicht nach dem Muster der Oktoberrevolution verlaufen wird, sondern im Grunde nach dem Muster, das sich aus der marxistischen Analyse der menschlichen Geschichte ergibt, dann könnte man glauben, daß der Sozialismus eben nicht hier in allen sogenannten sozialistischen Ländern, sondern zuerst in den westli-

chen Ländern verwirklicht werden wird. Ich glaube, so einfach
ist es auch nicht. Ich bin nach wie vor der Meinung, daß ein Staat
wie die Deutsche Demokratische Republik historisch weiter
vorangeschritten ist als der Westen, weil das Privateigentum
aufgehoben ist, das Privateigentum an der Industrie, an den
Produktionsmitteln, sogar an Grund und Boden und in der
Landwirtschaft. Es sind eigentlich die Produktionsverhältnisse
des Kapitalismus so vollständig aufgelöst worden, daß der Übergang zum Sozialismus verhältnismäßig leicht möglich ist. Was
allerdings jetzt entstanden ist, sind nicht sozialistische Produktionsverhältnisse, sondern die – wie ich schon sagte – eines
staatsmonopolistischen Systems. Aber in dem Maße, wie in den
westlichen Ländern die Bewegung des Eurokommunismus Erfolg haben wird, in dem Maße, wie dort auch offen über die
Verhältnisse in den sozialistischen Staaten gesprochen werden
wird, wie die internationale Diskussion in Gang kommen wird,
die nicht an den Grenzen der Länder des real existierenden
Sozialismus haltmachen kann, in dem Maße werden beide Entwicklungen sich gegenseitig beeinflussen. Ich bin überzeugt davon, wenn wir hier in der DDR und den anderen Staaten des
Ostens uns politisch weiterentwickeln, wenn wir hier freier werden, wenn wir zumindest die Freiheit der Meinungsäußerung
hätten, wenn es hier eine breite öffentliche Diskussion geben
würde und auch entsprechende Veränderungen, die dann unausweichlich stattfinden in der politischen Sphäre, daß diese Entwicklungen auch wieder eine enorme Wirkung haben würden
auf Westeuropa und die westlichen kapitalistischen Staaten
überhaupt. Diese zwei Prozesse bilden nach wie vor eine Einheit.
Bisher hat sich der sogenannte Sozialismus des Ostens als furcht-
barer Bremsklotz und als Hemmnis für die Entwicklung in den
kommunistischen Parteien des Westens ausgewirkt. Aber jeder
Fortschritt, jede Weiterentwicklung, die Überwindung des Stalinismus hat die Bewegung beflügelt und ihr geholfen. Ich glaube,
daß es auch in Zukunft so sein wird, ganz besonders bei dem
entscheidenden neuen Schritt, der zu tun ist: Die Überwindung
der alten kommunistisch-sozialdemokratischen Spaltung, die
Überwindung der Spaltung der Arbeiterbewegung in dem aller-
weitesten Sinne des Wortes, die unbedingt notwendig ist, wenn

wir die große vor uns stehende Revolution verwirklichen wollen. Selbstverständlich kann die sozialistische Revolution in den westlichen Staaten niemals vor sich gehen, wenn sie gleichzeitig eine feindselige und aggressive Position gegenüber den Ländern des real existierenden Sozialismus einnimmt. Im Gegenteil, es muß immer trotz aller Schärfe der Kritik an den hiesigen Verhältnissen eine grundlegende Solidarität mit den hiesigen Ländern bestehen und mit den Parteien hier, den ehemaligen kommunistischen Parteien dieser Länder. Es ist ganz klar, daß dieser Prozeß sich als ein einheitlicher Prozeß in ganz Europa, in der ganzen Welt natürlich letzten Endes, vollziehen wird. Hierbei wird der sozialistische Weg der europäischen Staaten in West und Ost auch auf die übrige Welt, ganz besonders auf die Entwicklungsländer, die ehemaligen Kolonien, eine sehr nachhaltige Wirkung ausüben. Dieser Prozeß – so wie ich meine – hängt zusammen mit der Entwicklung des real existierenden Sozialismus und Eurokommunismus und Eurosozialismus, weil jeweils das eine das andere befördert oder behindert.

Darum ist es so unbedingt notwendig, daß wir hierbleiben in der DDR, daß wir, die wir die Zusammenhänge unserer Gesellschaft analysieren und anfangen, sie zu begreifen, nicht in den Westen gehen. Darum ist es so wichtig, daß ein Mann wie Rudolf Bahro hierbleibt und daß die anderen Wissenschaftler, Künstler und Dichter der DDR nicht gleich bei jeder Gelegenheit, wenn ihnen irgend etwas nicht gefällt oder sie mit irgendwelchen Schwierigkeiten zu rechnen haben, einen Antrag auf Ausreise stellen, sondern daß sie hierbleiben. Es hat keinen Zweck, die DDR von allen Intellektuellen und allen politischen Potenzen zu entblößen, die sie so unbedingt braucht und von denen sie schon so viele verloren hat.

Ein Wort noch zu Bahro: Ich habe mich natürlich von Anfang an für seine Schriften sehr interessiert, und es war mir eine große Freude, zu hören und zu sehen, daß hier ein Kommunist in der DDR lebte, den niemand kannte und der sich so ernste und so bedeutsame Gedanken gemacht hat über diesen Staat und über die Politik der Kommunisten in der DDR. Ich stimme auch mit sehr vielen seiner Positionen völlig überein und habe ganz ähnliche oder gleiche Meinungen schon seit längerem vertreten.

Besonders die Frage der Erklärung der stalinistischen Verzerrung und Auflösung der sozialistischen Ideen in diesen Ländern kann man nicht aus irgendwelchen Fehlern herleiten, aus Dummheiten oder Sonderinteressen einzelner Gruppen. Wir Kommunisten sind gezwungen, unsere eigene Geschichte, die wir selbst gemacht haben, auch mit dem Seziermesser des Marxismus zu analysieren, wenn wir sie verstehen wollen. Es ist nicht einfach eine Frage der moralischen Diskriminierung und Disqualifizierung, mit der Frage dieser abscheulichen Fehlentwicklung fertig zu werden, sondern man muß aus ihr lernen, man muß begreifen, auf welche Weise sie entstanden ist und wie sie sich beinahe konsequent von Schritt zu Schritt weiterentwickelt hat. Wenn wir das nicht tun, wenn wir dazu nicht bereit sind, verlieren wir auch gegenüber all denen die Glaubwürdigkeit, die sagen: «Die haben vielleicht die gute Absicht, aber die werden ganz genau in die gleiche Entwicklung hineinstolpern wie ihre vielleicht nicht weniger wohlmeinenden Vorgänger.»

Im einzelnen würde ich natürlich brennend gern mit Bahro über viele seiner Ideen diskutieren. Ich unterscheide mich vielleicht von ihm dadurch, daß ich seinen Begriff der «Subalternität» der Massen, wie sie sich in dieser Gesellschaft entwickelt, aber nicht nur in unserer, sondern natürlich auch ganz besonders in der kapitalistischen, daß ich diesen Begriff in *der* Form nicht für glücklich halte. Er meint ungefähr, daß die Subalternität aus der mangelnden Kenntnis hervorgeht und daß man wegen der Kompliziertheit der modernen Gesellschaften und ihrer inneren Beziehung und Strukturen verlangen muß, daß alle Menschen eine Hochschulbildung, eine universitäre Ausbildung genießen müssen, damit sie sich gewissermaßen auch intellektuell auf die Höhe der Probleme erheben können, die die Zeit aufgeworfen hat. Ich glaube, darin liegt ein Fehler. Die Aufgabe besteht nicht darin, den Massen einen Vorwurf zu machen, daß sie sich nicht genügend für die wissenschaftlichen Zusammenhänge interessieren. Ich glaube eher, es gibt bisher keine Lehrer, die in der Lage waren, die Massen zu unterrichten, ihnen die Zusammenhänge auf einfache, anschauliche und direkte Weise klarzumachen; das ist eine der wichtigsten Aufgaben der Kommunisten.

Überhaupt, diejenigen, die eine solche sozialistische und

kommunistische Gesellschaft entwickeln wollen, müssen sich selber über die Zusammenhänge klarwerden und damit gleichzeitig auch anderen die Zusammenhänge erklären. Man macht sich eine Frage, ein Problem am besten dadurch klar, daß man versucht, das, was man von diesem Problem schon begriffen hat, anderen Leuten, die davon weniger oder gar nichts wissen, möglichst einfach und plastisch zu erklären. Das ist die Form, wie man verallgemeinern muß. Verallgemeinern heißt ja nicht nur, daß man vom Einzelnen und Unwesentlichen und den komplizierten Details absieht, nur die Hauptlinien betrachtet, sondern verallgemeinern heißt auch, es einer Allgemeinheit zugänglich zu machen, das Bild der Gesellschaft und des Lebens und der Politik so darzustellen, daß es mit einemmal sichtbar wird, und nicht nur seine Umrisse, sondern auch seine ganze Gestalt aus dem Wirrwarr der Erscheinungen hervortreten kann und den Menschen die Wirklichkeit, die ihrem Wesen nach so verwirrend ist, entwirrt wird. Es ist also nicht eine Hebung des gesamten Wissens und intellektuellen Niveaus der Massen gewissermaßen auf die Stufe von Hochschulkadern notwendig. Es ist auch nicht richtig, daß Hochschulkader diese Aufgabe haben. Es ist doch bekannt, daß keineswegs von den Hochschulleuten, die die wissenschaftliche Bildung genossen haben, die den Marxismus an unseren Universitäten endlos studieren mußten und studiert haben, gerade die großen Einsichten kamen. Im Gegenteil, die Austrocknung dieser Gehirne an den Hochschulen ist ja erschreckend und oft viel schlimmer als die eines einfachen Arbeiters, der einfach grobe Fragen stellt, wenn ihm etwas nicht paßt, und damit den Nagel auf den Kopf trifft, wenn er trifft, während so ein intellektueller Unterprofessor oder Oberassistent den Wald vor Bäumen nicht sieht und zumindest es nicht wagt, überhaupt einen Gedanken zu fassen, weil er die schlechtesten Erfahrungen gemacht hat, von seinem Gehirn Gebrauch zu machen.

Ich glaube also, die Subalternität liegt nicht bei den Massen, sondern sie liegt bei uns, die wir nicht in der Lage sind, die Zusammenhänge der Zeit und Gesellschaft richtig zu erkennen, und nicht in der Lage sind, diese Erkenntnisse, wenn wir sie schon gewinnen, auch zu verallgemeinern, also auch anderen Menschen zugänglich zu machen. Die populärwissenschaftliche Erläuterung der gar nicht so komplizierten Zusammenhänge ist die Hauptaufgabe der politischen Wissenschaftler des Marxismus. Damit wird ihre Arbeit politisch und nicht nur wissenschaftlich und erhebt sich über die einfache Interpretation zur Aktion. Dann kann man sagen, die Leute haben nicht nur die Welt verschieden interpretiert, sondern sie haben sie auch verändert und haben die Ideen, von denen Marx sagt, wenn sie die Massen ergreifen, dann werden sie zur materiellen Gewalt, so weit gebracht, daß sie von den Massen ergriffen werden können. Das müssen wir erreichen, daß die Ideen zur materiellen Gewalt werden.

Bahros Analyse der ökonomischen Struktur des real existierenden Sozialismus ist hochinteressant und trifft in ganz entscheidenden Punkten das Wesentliche, glaube ich. Es ist auch für uns von Bedeutung und von großem Wert und sehr lehrreich, mit diesen Ideen und Erkenntnissen konfrontiert zu werden.

Es gibt vielleicht eine Seite, die in seinen Betrachtungen etwas zu kurz kommt, nämlich die Rolle der Scharlatane in dieser Gesellschaft. Eben weil die demokratische Kontrolle fehlt, ist es so leicht, an die Spitze eines größeren Industriekombinates zu kommen oder in eine leitende Funktion in der Wirtschaft. Es ist ja nicht unbedingt erforderlich, daß man von der Sache viel versteht. Diejenigen, die dem jeweils Oberen und Vorgesetzten nach dem Munde reden, die sich als geschickte Vertuscher der Fehler erweisen, die diese Oberen begangen haben und begehen, haben die größten Chancen. Dafür gibt es genug Beispiele.

Das eklatanteste aller Beispiele für das Funktionieren dieses Vorgangs ist der berüchtigte sowjetische Biologe Lyssenko. Wir haben in der DDR ganz ähnliche Leute, die im Grunde als Wissenschaftler nichts taugen und verhältnismäßig bedeutungslos waren und auch bleiben werden, international keinerlei Ansehen genießen, z. B. ehemalige Nazis, die eben in der faschistischen Ära nach dem gleichen Prinzip gearbeitet und nur den Herren Goebbels und Göring und Hitler nach dem Munde geredet haben, um als große Wissenschaftler gefeiert zu werden. Diese Leute laufen bei uns massenhaft herum und besetzen die Schlüsselstellungen in der Industrie und der Wirtschaft und machen dadurch denjenigen, die wirklich Interesse an den Gegenständen, an der Arbeit, an der Sache haben und die etwas davon verstehen, die etwas gelernt haben, das Leben schwer und entmutigen sie und bringen sie dazu, daß sie bei irgendeiner Gelegenheit dann doch Hals über Kopf in den Westen fliehen. Dort wissen sie, daß ihre hohe Qualifikation sofort praktisch angewendet wird, aber eben für den Kapitalismus. Da sie aber schon längst jeden Glauben an den Sozialismus hier gründlich ausgetrieben bekommen haben, ist ihnen das auch gar nicht problematisch, und sie sagen sich: «Die Leute, die wenigstens von meinen Kenntnissen Gebrauch machen können, sind für mich ja wertvoller als die, denen gegenüber ich ständig in Furcht leben muß, ob nicht irgendein Scharlatan mir die Stellung verdirbt und mich davonjagt.» Es gibt so viele Beispiele in der DDR von bedeutenden Fachleuten und Wissenschaftlern, die von irgendwelchen Scharlatanen und Nichtskönnern an die Wand gedrückt und herausgeekelt worden sind und die wir verloren haben, die jetzt im Westen ganz hervorragende Stellungen haben und große wissenschaftliche und technische Leistungen vollbringen.

Um es noch einmal zu sagen, die Hochschulbildung ist eine wichtige Aufgabe für die Entwicklung von qualifizierten Fachleuten auf allen Gebieten, denn unsere moderne Industrie und Landwirtschaft erfordert die Anwendung komplizierter und äußerst raffinierter wissenschaftlich ausgearbeiteter Methoden und erfordert auch das Zusammenwirken von Wissenschaftlern verschiedener Disziplinen, was man «team work» nennt. Das sind Sachen, die an die Hochschulen und Universitäten gehören, die politische Bildung dagegen hat an den Hochschulen gar nichts zu suchen. Das führt immer nur zur Entwicklung einer Staatsräson-Philosophie hier bei uns, wo Menschen nur zur Heuchelei erzogen werden. Der Hochschullehrer kann natürlich seine persönlichen Ansichten über Philosophie und Psychologie äußern. Aber wenn man glaubt, daß die politische Erziehung im allgemeinen, die im Interesse der Kommunistischen Partei oder der Arbeiterbewegung liegt, an einer Universität von Professoren vom Katheder herab mit viel wissenschaftlichem Schmock verbreitet werden muß, dann ist das eine Täuschung, eine Illusion. So etwas hat da gar nichts zu suchen. Im Gegenteil, die Hochschulen müssen vollkommen befreit werden von jeder Art von Vormundschaft, von diesen bezahlten Ideologen, die wir ja hier in der DDR zur Genüge auf Kosten der Werktätigen unterhalten.

Diese Leute brauchen gar nicht erst ihren Mund aufzumachen, man weiß vorher schon, was herauskommen wird. Damit will ich natürlich nicht sagen, daß wissenschaftliche Forschung auf dem Gebiet der Ökonomie und auch auf dem Gebiet der Geschichte, der Philosophie oder der Kultur ganz allgemein nicht notwendig sei. Auch das kann an den Hochschulen gelehrt werden, muß auch selbstverständlich gelehrt werden. Alle wissenschaftliche Disziplinen müssen sich frei entfalten können, aber es darf nicht politische Erziehung an den Hochschulen betrieben werden, die hat da nichts zu suchen. Politische Erziehung ist eine Frage der politischen Bewegung. Wieweit diese Bewegung existiert, in Gang kommt und Kraft hat, betrifft die Gesamtheit der Bevölkerung, die Massen im Ganzen, und nicht nur die Studenten an der Universität, selbst wenn sie noch so viele sind und wenn die Universität auch Kurse für breite Massen veranstalten sollte. Der Staat hat da nichts zu suchen. Der Staat muß sich freihalten von jeder ideologischen Bevormundung seiner Bürger, so wie das die italienischen Kommunisten heute auch ganz klar und deutlich vertreten.

In diesem Zusammenhang noch einmal zu Bahro: Natürlich bin auch ich sehr dafür, wenn die bisherige SED aufgelöst wird und wir einen Bund der Kommunisten gründen; ob diese Bezeichnung die glücklichste ist, ist eine andere Frage, aber was Bahro meint, ist natürlich richtig, aber das sind wirklich Wunschträume – gemessen an der gegenwärtigen Wirklichkeit. Bevor man diese Forderung auf die Tagesordnung setzen kann, ist noch unheimlich viel zu tun. Heute brauchen wir eine Politik der «kleinen Schritte».

Erstens muß man erreichen, daß in den bestehenden Einrichtungen und Organisationen freimütigere Formen der Diskussion stattfinden: in der SED, im FDGB, in den Betrieben, im Kulturbund, in den Verbänden der Schriftsteller und Künstler; *zweitens* müssen in der Presse Artikel erscheinen können, die zu zentralen Fragen der Zeit Stellung nehmen, nicht vom Standpunkt irgendwelcher Beschlüsse des Politbüros, sondern die eigene Meinungen der Autoren zum Ausdruck bringen; *drittens* wäre das Erscheinen einer selbständigen und unabhängigen Literaturzeitschrift z. B. ein ungeheuerer Fortschritt. Eine Zeitschrift, die von Leuten gemacht und geleitet wird, die nicht das ZK der SED ausgesucht hat, sondern vielleicht von den Verbänden selbst bestimmt werden und die nachweislich aus eigener Initiative schon ausgewiesen sind, eben solche Schriftsteller, wie die, die gegen die Ausbürgerung Biermanns protestierten. Leute, die in der Öffentlichkeit als unabhängig gelten *können* und es dann eben auch in ihrer Zeitschrift bewahrheiten können. *Viertens* wäre es gut, wenn vielleicht eine von der Partei unabhängige Zeitung gestattet würde. Es ist ja nicht unvorstellbar, so etwas zu machen. Eine Zeitung, die sich auch auf ganz bestimmte Leute mit politischem Profil und politischem Ausweis stützt, und mit deren Artikeln und Meinungen die Partei gezwungen wäre, sich sehr entschieden auseinanderzusetzen. Auch wäre es *fünftens* gut, wenn in der Volkskammer ein anderer Verhandlungsstil eingeführt wird, wie es früher unter Dieckmann sogar einmal versucht wurde, bei dem die Abgeordneten nicht mehr alles von fertigen Manuskripten ablesen, die vorher geprüft und genehmigt wurden, sondern in freier Rede sprechen, in der ein Abgeordneter wirklich seine Meinung ungeniert und offen aussprechen kann, ohne dafür bestraft zu werden. Von den Abgeordneten, die es jetzt in der Volkskammer gibt, braucht man doch nicht zu befürchten, daß sie irgendwelche schlimmen und feindseligen Dinge sagen. Aber man soll ihnen doch wenigstens gestatten, ganz kleine Schritte selbständiger Denkprozesse vorzuführen und damit dem Parlament Würde und Ansehen zu verleihen.

Es gehört aber einfach von seiten der Herrschenden Mut dazu. Ich glaube, sie könnten sich mit Ruhm bedecken, sie könnten sogar populär werden, wenn sie eine solche Politik machen würden. Sie brauchten nicht um ihre Stellung zu fürchten, was sie jetzt zweifellos tun und auch mit Recht. Niemals war die Stellung unserer Herrschenden so unsicher und so bedroht und so im Widerspruch zur allgemeinen öffentlichen Meinung wie heute.

Der Staat, auch der von den Kommunisten mitverantwortete und geleitete moderne sozialistische Staat, ist frei von jeder Staatsideologie und läßt allen Menschen völlige Freiheit in bezug auf das, was sie denken, was sie schön finden, woran sie glauben, woran sie nicht glauben. Er fördert die freie Entfaltung aller Ideen, aller Denkweisen, auch damit sie sich untereinander messen können, damit sie in Streit miteinander liegen können, in einem freundlichen, produktiven, schöpferischen Streit, durch den sich die menschliche Kultur entwickelt und immer in allen Zeiten entwickelt hat. Selbst wenn der Streit unfreundlich und der Staat immer auf der Seite der Rückständigen war, entstand der große Streit, und der brachte das Neue, das Interessante und die neuen Ideen hervor und setzte sie auch durch, von Giordano Bruno, Galilei, bis Einstein und Heisenberg.

Ich halte es auch für wichtig, daß wir uns über die Ziele klarwerden, was für eine Art von Leben der Sozialismus zum Unterschied von dem untergehenden Kapitalismus verspricht, wonach er strebt, was sein wirkliches Streben ist.

1. Ist ein ganz bestimmtes materielles Lebensniveau, ein bestimmter Lebensstandard für alle – also eine bestimmte technisch-ökonomische Stufe unbedingte Voraussetzung für den Kommunismus? Was heißt überhaupt Kommunismus? Ich glaube nicht, daß man den Kommunismus oder wie wir unsere zukünftige, anzustrebende Gesellschaftsordnung auch nennen wollen, dadurch definieren kann, daß jeder Mann einen elektrischen Rasierapparat haben muß, die Frau einen elektrischen Haarondulierer oder jeder einen Fernsehapparat, ein Auto oder ein Motorrad oder ein Motorboot oder ein Häuschen im Walde haben muß usw. usw.

Ich glaube, mit solchen technisch-ökonomischen Reichtumsdefinitionen, die alle nur relativ sind und die immer noch Armut darstellen, verglichen mit dem Reichtum, den sich die Reichen auch heute in aller Welt verschaffen, kommt man nicht weiter. Mit solchen Reichtumsdefinitionen kann man niemals den Kommunismus definieren. Ich finde, die wesentlichen Voraussetzungen für den Kommunismus sind erst einmal, daß es keine privilegierten Leute geben darf. Es darf nicht Leute geben, die zehnmal oder hundertmal soviel Mittel, materielle und andere, geistige auch, zur Verfügung haben als jeder andere Mensch. Es darf keinerlei privilegierte Personen, privilegierte Schichten und Gruppen geben, sondern es müssen alle Leute, alle Menschen vollständig gleiche Möglichkeiten, die gleichen Chancen haben, untereinander gleich sein. Das ist Kommunismus. Communis heißt eben gleich sein.

2. Es ist notwendig, daß das nicht ein Kommunismus der Not und des Elends ist. Das Leben jedes Menschen muß gesichert sein: seine Ernährung, sein Leben, sein Wohnen, sein Schlafen, seine Kleidung, die Pflege seiner Gesundheit. Er darf nicht in Not geraten, durch Krankheit nicht mehr, als man durch die Krankheit an sich zu leiden hat. Es muß eine vollkommene soziale Sicherheit für jedes Individuum, für jedes Mitglied der Gesellschaft geben. Das ist die zweite entscheidende Voraussetzung.

3. Die einzelnen Individuen müssen in bezug auf die Freiheit ihrer Entscheidungen gleich sein.

Sie müssen die Freiheit haben, sich hinzubegeben, wohin sie wollen, den Ort zu wechseln, das Land zu wechseln, Reisen zu machen, den Arbeitsplatz, den Gegenstand ihres Interesses nach ihrem Geschmack und ihren Wünschen auszusuchen, so daß sie nicht von irgendeiner höheren, mächtigeren Instanz dirigiert werden können, die ihnen etwas aufzwingt, was sie nicht wollen.

4. Was ich für ganz entscheidend halte, ist, daß alle Menschen Zugang zu den großen kulturellen Werten der Menschheit bekommen, Interesse dafür zeigen, daß in der Gesellschaft Gruppen existieren, die sich aktiv darum bemühen, das Interesse für Malerei, Baukunst und Musik zu kultivieren und zu wecken, die Menschen zu befreien von der Sklaverei durch diese billige, kitschige Musik und kitschige Bilderwelt, durch die primitive Krimiatmosphäre; damit sie endlich entdecken, daß es einen so ungeheuren Reichtum an großartiger Literatur und geistiger Schönheit gibt und auch tiefer Weisheit und die

großen Philosophen der Vergangenheit aller Länder kennenlernen; das alles muß immer mehr zum Mittelpunkt des gesellschaftlichen Lebens werden, etwas, wofür man sich interessiert, und damit beginnt dann auch gleichzeitig die Hauptfunktion einer sich immer freier entwickelnden kommunistischen Gesellschaft, nämlich die Erziehung der Kinder, das Heranbilden des jungen Menschen und die Sorge dafür, daß er von vornherein nicht kaputtgemacht wird, sondern all seine großen Fähigkeiten sich frei entfalten können. Ich glaube, wenn man sich eine Welt vorstellt ohne Rüstung und ohne die unsinnige Verschwendung des Kapitalismus, dann wäre ein solcher Kommunismus für alle Menschen bereits längst realisierbar. In der ganzen Welt wäre, rein materiell gesehen, die Verwirklichung dieser einfachen Grundprinzipien möglich. Schnell würden wir den Luxus der Ausbeuter als eine lächerliche Last betrachten und diejenigen, die ihre Sklaven waren, letzten Endes verachten.

Ich glaube, daß die Ausarbeitung einer solchen kommunistischen Utopie eine wichtige Aufgabe unserer Zeit ist. Ich beschäftige mich seit langem mit dieser Frage. Ich glaube, man muß neue Zielvorstellungen entwickeln, bevor man sich einig wird über den Weg dahin. Der Sozialismus ist ein Weg zum Ziel, dies Ziel ist natürlich phantastisch und großartig und utopisch. Es ist auch, wie jede Utopie, die Form, in der wir uns die Überwindung all der Unmenschlichkeit vorstellen, unter der wir heute zu leiden haben. Dadurch ist auch unsere Utopie immer einseitig und geprägt durch die Jämmerlichkeiten unseres gegenwärtigen Lebens. Auf dem Wege zu diesem Ziel liegen ungeheure Gefahren, weil doch natürlich die Mächtigen dieser Welt nicht freiwillig und nicht so leicht aus ihren Machtpositionen weichen werden, sondern letzten Endes den Wahnsinn begehen, das Leben der ganzen Menschheit in Frage zu stellen, nur damit – wie sie meinen – ihr einzig richtiger Weg weitergehen kann. Es ist Wahnsinn, daß der moderne Kapitalismus nicht anders existieren kann, als durch ununterbrochenes Wachstum seiner Produktion, durch immer neue Verschwendung von menschlicher Arbeit und menschlicher Intelligenz für sinnlose Zwecke. Es ist doch sinnlos, wenn man bedenkt, daß in hundert Jahren sich der Energieverbrauch und die Energieproduktion vertausendfacht. Das ist eine Sache, die nicht geht, die nicht auf die Dauer so durchzuführen ist, die einfach zu einer Katastrophe führen muß.

Der größte Wahnsinn ist natürlich die Rüstung, die Atombomben, die Wasserstoffbomben, die vielen entsetzlichen Massenvernichtungsmittel, die immer wieder weiterentwickelt werden, mit denen sich die Großmächte gegenseitig belauern und ehrlich glauben, daß der andere über sie herfallen wird, wenn er durch irgendeinen Vorsprung technischer Art darin eine Chance sehen könnte. Dann taucht die Frage auf, ob man jetzt durch einen Präventivschlag kontern muß, um zu verhindern, daß die andere Seite einen momentanen Vorteil ausnutzen kann. In dieser schrecklichen Lage der völligen Ungewißheit über die Entscheidungen einiger weniger, sehr beschränkter und sehr kurzsichtig denkender Leute leben wir, lebt die ganze Menschheit. Nie in der ganzen Vergangenheit gab es überhaupt eine ähnliche Situation, daß sich die Bewohner dieses Planeten in der perfektesten Weise darauf vorbereitet haben, sich selbst den totalen Garaus zu machen.

Die Dokumente

Dokumente

Selbstkritik

«Ja, ich hatte unrecht . . .» («Die Zeit», 7. 5. 1965)

Herrman Knappe:
«Weder Sklerose noch Osteomalazie» («Forum» 2, 1965)

1950: Berufsverbot West

«Trumans großer Theaterdonner»
Was die Wissenschaft zur ‹Wasserstoff-Superbombe› sagt
(«Neues Deutschland», 5. 2. 1950)

«H-Bombe, Stadtrat May und Demokratie»
Eine notwendige Erklärung, nur zum Teil in eigener Sache
(«Neues Deutschland», 12. 4. 1950)

1965/66: Berufsverbot Ost

«Die Partei ist kein Gespenst»
Plädoyer für eine neue KPD («Der Spiegel», Nr. 52/1965)

«Havemann will die KPD spalten»
Erklärung des Politbüros des Zentralkomitees der KPD
(«Neues Deutschland», 21. 12. 65)

«Scherbengericht über Havemann»
«Vertrauliches akademie-internes Material für Ordentliche
Mitglieder» («Die Zeit», 18. 3. 66)

R. H.: Die Entgegnung («Die Zeit», 18. 3. 66)

Solidarität mit Robert Havemann
Ein Aufruf ehemaliger Brandenburger Häftlinge
vom November 1976

Vorbemerkung zur Dokumentation

Die Nazis ließen Robert Havemann sogar noch in der Todeszelle in seinem Beruf arbeiten, sie verjagten ihn 1933 «nur» aus dem Kaiser-Wilhelm-Institut.

Berufsverbot bekam Robert Havemann erst nach 1945. Das erste 1950 in Westberlin, das seine wissenschaftlichen Arbeiten nur deshalb nicht unterbrach, weil er an der Ostberliner Humboldt-Universität als ordentlicher Professor und Direktor des Physikalisch-chemischen Instituts weiterarbeiten konnte. Das Berufsverbot Ost erfolgte in zwei Etappen:

Im März 1964 verlor er durch ein Disziplinarverfahren seine Professur an der Humboldt-Universität. Gleichzeitig wurde er aus der SED wegen «parteischädigenden und parteifremden Verhaltens» ausgeschlossen. Formaler Anlaß war das angebliche Havemann-Interview, das Karl-Heinz Neß in der SPD-Zeitung «Hamburger Echo» am 11. 3. 1964 veröffentlichte. In Wahrheit war es natürlich die Antwort der «Hauptabteilung Dogma» im Politbüro der SED auf Havemanns Vorlesung im Wintersemester 1963/64, die als «Dialektik ohne Dogma?» weltberühmt geworden ist.[1]

Nach seiner Entfernung aus der Humboldt-Universität blieb Robert Havemann in der Arbeitsstelle für Fotochemie der Akademie der Wissenschaften, deren Leiter er sogar wurde. Nach Veröffentlichung seines «Plädoyers für eine neue KPD» im Dezember 1965 wurde er sofort fristlos entlassen. Alle späteren Versuche von ihm, in der volkseigenen Industrie Arbeit zu finden, verliefen ergebnislos.

Diese beiden Berufsverbote stehen im Mittelpunkt der Dokumentation, in denen sich wie in einem Brennglas die politische

---

1 Vgl. hierzu auch: Hartmut Jäckels Anmerkungen (besonders S. 141 ff) in: Robert Havemann: *Rückantworten an die Hauptverwaltung «Ewige Wahrheiten»*, hg. von H. Jäckel, München 1971.

Biographie Robert Havemanns als der eines deutschen Kommunisten nach 1945 bündeln:

Der Sozialdemokrat May verhängt 1950 «sein» Berufsverbot, weil Havemann «enthüllte», daß die amerikanische Wasserstoffbombe wohl nicht lange ohne russische Antwort bleiben würde, da ihr Konstruktionsprinzip den Fachleuten im Prinzip klar sei und die Amerikaner deshalb nur eine neue sinnlose Runde des Wettrüstens eröffnen würden. Sinnlos, weil ein Atomkrieg keine Sieger, sondern nur noch Tote kennen würde. Robert Havemann hat in «Fragen, Antworten, Fragen» seinen Kampf für die Ächtung der Atomwaffen lapidar und einleuchtend begründet:

> «In dieser Welt der atomaren Bedrohung verlangt die Menschheit mehr als je zuvor die Abschaffung des Krieges. Sie verlangt den Frieden. Tatsächlich läßt sich heute das Verlangen nach dem allgemeinen Frieden, das bisher nur ein Hoffnungstraum der Menschheit war, auf den lapidaren Satz reduzieren: Wir wollen leben... Die Kriegstechnik hat einen Stand erreicht, der die Abschaffung des Krieges zur Lebensnotwendigkeit für uns alle gemacht hat.»[2]

Die Russen zündeten bereits 1952, also zwei Jahre vor den Amerikanern, ihre erste Wasserstoffbombe.

Der Kommunist Robert Havemann wurde Mitglied einer Partei, deren Ziel es war, «Sowjet-Deutschland» zu erkämpfen. 1965 galt noch das Parteiprogramm des VI. Parteitags der SED von 1963, nach dem die «SED den Sieg des Sozialismus in Deutschland» erstrebt, um «die nationale Frage des deutschen Volkes» zu lösen. Den Buchstaben dieses Programms verpflichtet, veröffentlichte Havemann sein «Plädoyer für eine neue KPD» im Dezember 1965 im «Spiegel». Es ging ihm um eine erfolgreiche kommunistische Politik in der Bundesrepublik, ohne die das selbstgesteckte Programmziel der SED nicht zu verwirklichen war. Zwei Monate bevor er den Artikel im Westen veröffentlichte, informierte er Kurt Hager über seinen Inhalt. Er erhielt keine Antwort. Auch in diesem Fall behielt Havemann mit seiner Prognose recht, drei Jahre später gründete sich die DKP – formal genau nach seinem Vorschlag.

«Ja, ich hatte unrecht...» – mit dieser Selbstkritik des Antistalinisten Robert Havemann an dem Stalinisten gleichen Namens und

---

2 Robert Havemann: *Fragen, Antworten, Fragen*. Reinbek 1972 (rororo 1556), S. 199f.

gleicher Person beginnt diese Dokumentation. Ein bleibendes Dokument gegen diejenigen in der Politik, die ein «pathologisch gutes Gewissen» haben. In dieser Antwort auf einen Artikel im FDJ-Zentralorgan «Forum», in dem Hermann Knappe (vermutlich ein Pseudonym für den ND-Redakteur Harald Wessel) das einzige Mal DDR-öffentlich versucht hat, Robert Havemann durch einen Vergleich Havemann 1951/52 und 1963/64 unglaubwürdig zu machen, stellt sich Robert Havemann seiner Vergangenheit und übt Selbstkritik. Bis zum heutigen Tag ist diese «Antwort» in der DDR nicht erschienen.

M. W.

Selbstkritik

Ja, ich hatte unrecht
Warum ich Stalinist war und
Antistalinist wurde

Aus: «Die Zeit» v. 7. Mai 1965

Die Ost-Berliner FDJ-Zeitschrift «Forum» hat im Januar Professor Havemann, der wegen seiner kritischen Vorlesungen aus der SED ausgeschlossen worden ist, scharf angegriffen. Havemann schickte der Zeitung daraufhin am 1. Februar die Entgegnung, die wir abdrucken. Da «Forum» sie bis heute nicht gebracht hat, stellte Havemann Strafantrag gegen den Chefredakteur der Zeitschrift.

Hermann Knappe hat im «Forum» Äußerungen aus zwei Abschnitten meines Lebens einander gegenübergestellt. Äußerungen aus den Jahren 1951–1953 und Äußerungen von heute. Er hat recht: Was ich damals dachte und schrieb, kann nicht als «Jugendsünde» abgetan werden. Meine Irrtümer von damals waren ernster Natur.

Hermann Knappe wirft mir vor, daß ich mich bisher nicht offen und selbstkritisch hierzu bekannt habe. Ich nehme seinen Vorwurf uneingeschränkt an. Wenn man seine Meinung zu wichtigen Fragen ändert, so genügt es nicht, die neuen Ansichten zu vertreten und die alten zu kritisieren. Man muß danach forschen, warum man früher anders dachte, warum man heute anders denkt. Man muß den Wandel des eigenen Denkens in schonungsloser Offenheit darlegen. Wer den Eindruck zu erwecken versucht, er habe nie geirrt – oder wer es auch nur zuläßt, daß dieser Eindruck entstehen kann, handelt unehrlich und verdient keinen Kredit.

Die Beispiele, die Hermann Knappe aus meinen früheren Schriften als Beleg meines damaligen Denkens anführt, geben nur ein blasses Bild. Es war viel schlimmer.

Damals galt für mich der Grundsatz: Die Wahrheit ist «parteilich». Jeden Gedanken, der nicht «marxistisch» war, hielt ich für feindlich und für falsch zugleich. Natürlich maßte ich mir nicht an, aus eigenem Denken zu beurteilen, ob bestimmte Meinungen das Prädikat «marxistisch» verdienten oder nicht. Das zu entscheiden war Sache der Partei. Ich war zu unbedingter Bescheidenheit gegenüber der kollektiven Weisheit der Partei erzogen. Für mich galt: Die Partei hat immer recht.

Die Partei lobte Lyssenko. Also war Lyssenko ein Marxist. Seine Ansichten waren richtig. Ich mühte mich nach Kräften, sie zu verteidigen.

Sartre war ein Feind. Man brauchte ihn nicht zu lesen. Es war besser, man las ihn nicht. Man entging dadurch der Gefahr, von der Ideologie des Klassenfeindes benebelt zu werden. Darum wurden ja auch die Schriften Sartres bei uns nicht veröffentlicht. Wie sie einzuschätzen waren, hatte die Partei längst gesagt.

Stalin war für mich der bedeutendste damals lebende Marxist. Seine Worte waren unwiderleglich. Ich konnte mich nur bemühen, ihn zu verstehen. Wenn es mir nicht gelang, lag es nicht an Stalin, sondern an mir.

Leszek Kolakowski, der polnische Philosoph, hat die Geistesverfassung, in der ich mich damals befand, in «Der Mensch ohne Alternative» treffend charakterisiert: «Wie jeder Marxist im Jahre 1950 wußte, war die Vererbungslehre Lyssenkos richtig, war Hegels Philosophie eine aristokratische Reaktion auf die Französische Revolution, war Dostojewskij ein ‹verfaulter Dekadenzler› und Babajewskij ein ausgezeichneter Schriftsteller, war Suworow ein Träger des Fortschritts und die Resonanztheorie in der Chemie ein überholter Unsinn. Jeder Marxist wußte dies auch dann, wenn er nie etwas von Chromosomen gehört hatte, wenn er nicht wußte, in welchem Jahrhundert Hegel gelebt hatte, wenn er nie eine Erzählung von Dostojewskij gelesen und nie ein Chemiebuch für die Mittelschule durchgearbeitet hatte. Mit allem brauchte er sich nicht zu befassen, denn der Inhalt des Marxismus war ja durch die Behörde festgelegt.»

Denn, so sagt Kolakowski: «Das Wort Marxist bezeichnet nicht einen Menschen, der die eine oder andere inhaltlich umrissene Auffassung von der Welt besitzt, sondern einen Menschen mit einer bestimmten Geisteshaltung, die durch die Bereitschaft gekennzeichnet ist, Auffassungen zu akzeptieren, die behördlich bestätigt worden sind. Welchen aktuellen Inhalt der Marxismus besitzt, ist von diesem Gesichtspunkt aus ohne Bedeutung – man wird dadurch zum Marxisten, daß man sich bereit erklärt, von Fall zu Fall den Inhalt zu akzeptieren, den die Behörde präsentiert.»

Die Weisheit der Partei

Ich hatte allerdings schon damals oft Schwierigkeiten, die Weisheiten der Partei bis ins letzte zu verstehen. Im stillen Kämmerlein mußte ich mir beispielsweise sagen, daß ich immer noch nicht ganz begriffen hatte, worin der imperialistische, der Arbeiterklasse feindliche Charakter der Resonanztheorie von Linus Pauling eigentlich bestand. Darum vermied ich es, mich öffentlich darüber zu äußern. Aber Sartre hatte immerhin das antikommunistische Drama «Die schmutzigen Hände» geschrieben. Sein Fall war klar.

Als Anton Ackermann, damals ein führender Genosse, uns klarmachte, daß es einen besonderen deutschen Weg zum Sozialismus gäbe, hatte er natürlich recht – und mit ihm die Partei. Als aber die Partei erklärte, daß es keinen besonderen deutschen Weg zum Sozialismus gäbe, war es klar, daß Ackermann unrecht hatte und die Partei wiederum recht.

Damals war ich der Meinung, daß man einen guten Genossen daran erkennen kann, wie schnell er neue weise Einsichten der Partei verstehen und öffentlich für sie eintreten kann. Die schlechten, unsicheren Genossen andererseits waren daran zu erkennen, daß sie in unbescheidener Überheblichkeit Einwendungen machten und völlig abwegige Fragen stellten, die man am besten gar nicht beantwortete. Die schlechtesten Genossen aber, die schon mit einem Bein im Lager des Klassenfeindes standen, das waren jene Unglücklichen, die es wagten, Kritik an den führenden Genossen der Partei zu üben, gar Kritik an dem führenden Genossen.

Heute erscheint mir die Geistesverfassung, in der ich mich damals befand, als geradezu lächerlich. Damals war sie das aber keineswegs. Sie war für einen guten Kommunisten eigentlich selbstverständlich. Wir hatten einen jahrzehntelangen schweren Kampf hinter uns. An einem Abschnitt dieses Kampfes, der ein Kampf auf Leben und Tod war, hatte ich in der antifaschistischen deutschen Widerstandsbewegung teilgenommen. Meine besten Freunde waren in diesem Kampf gefallen. Der Zusammenbruch des verhaßten Hitler-Regimes war ein großer Sieg unserer guten Sache. Er war unter der Führung Stalins errungen worden. Meine Befreiung aus dem Zuchthaus, mein Leben, mein Denken – alles verdankte ich der Partei, verdankte ich Stalin. Ich las im Jahre 1945 das Buch Arthur Koestlers «Darkness at Noon». Ein Offizier der US-Army hatte es mir geliehen.

Alles Verleumdung, gemeine raffinierte Lügen von Renegaten – das war mein Urteil. Bis im Jahre 1956 der XX. Parteitag der

KPdSU kam. Unter den Stößen dieses Erdbebens brach das Bauwerk meines Glaubens zusammen.

Was ich heute denke, was ich heute schreibe, das ist Wiederaufbau aus den Trümmern. Ich glaube, daß er möglich ist. Ich glaube, daß er notwendig ist. Ich selbst kann jedenfalls ohne den Versuch eines solchen Wiederaufbaus nicht leben. Das habe ich in meinen Vorlesungen versucht. Ich habe dabei einen Fehler gemacht. Ich habe das Ausmaß meiner eigenen Verstrickung in die Ideenwelt des Stalinismus nicht offen dargelegt. Wie oft habe ich daran Kritik geübt, daß Chruschtschow nur von den Fehlern Stalins sprach, nicht aber von den eigenen: Der Mensch neigt eben zu unangemessenem Großmut gegen sich selbst. Das ist eine Schwäche. Hermann Knappe hat recht, wenn er das offene Eingeständnis begangener Fehler und Irrtümer von mir fordert. Er hat noch mehr recht, wenn er das nicht nur von mir forderte.

Jahrelang glaubte ich, ein guter Marxist zu sein. Weil ich das glaubte, war ich es nicht. Heute glaube ich nicht mehr. Ich bin im Zweifel, in Unruhe. Ich bemühe mich, alles selbst zu überdenken. Ich lese, wo ich es bekommen kann, was ich früher nicht für lesenswert hielt. Ich habe «Die schmutzigen Hände» von Sartre nie gelesen. Ich wollte es nicht. Es hätte mir auch nicht geholfen. Heute habe ich das in «Rowohlts Deutscher Enzyklopädie» erschienene Buch «Marxismus und Existentialismus» gelesen. Ich fand darin einen anderen Sartre. Von ihm stammt auch das Wort «Sklerose» zur Charakterisierung der dogmatischen Erstarrung des Marxismus unter dem Einfluß des Stalinismus, welches dem «Forum» wie auch dem «Spiegel» das Stichwort für die Überschriften ihrer Artikel gab.

Aber was sagt Sartre wirklich: «Man verstehe uns jedoch richtig: diese Sklerose ist keine reguläre Alterserscheinung. Sie ist das Ergebnis einer Weltlage von ganz besonderer Art. Der Marxismus ist längst noch nicht erschöpft, er ist noch ganz jung, er steckt fast noch in den Kinderschuhen: er hat kaum begonnen, sich zu entwickeln. Er bleibt also die Philosophie unserer Epoche: er ist noch nicht überlebt, weil die Zeitumstände, die ihn hervorgebracht haben, noch nicht überlebt sind. Unser ganzes Denken kann sich nur auf diesem Nährboden bilden. Es muß sich in diesem Rahmen halten oder im Leeren verlieren oder rückläufig werden.»

Pflicht zum eigenen Urteil

Wie man sieht, ist Sklerose nicht unbedingt ein medizinischer Begriff. Die Sklerose des Marxismus jedenfalls ist nicht heilbar. Wie aber könnte man sie heilen, wenn man sie überhaupt leugnet?

Vom Existentialismus, also von der durch ihn selbst in höchstem Maß geprägten Lehre, sagt Sartre in der Einleitung: man wird «verstehen, daß ich ihn für eine Ideologie halte, denn er ist ein parasitäres System, das am Saum des Wissens lebt, des Wissens, dem er sich ursprünglich entgegengestellt, dem er sich aber heute einzugliedern sucht». Nämlich dem Wissen des Marxismus. Meine Meinungen über Sartre haben sich vielleicht nicht weniger gewandelt als die Meinungen Sartres über den Existentialismus und den Marxismus. Ich bewundere das an Sartre.

Um die Bedeutung dieses Wandels ganz zu verstehen, um die ganze Tiefe dieses Wandels zu würdigen, muß man auch heute noch lesen, was Sartre früher sagte und dachte. Dies gilt nicht nur für Sartre. Darum ist die Gegenüberstellung meiner damaligen und meiner heutigen Ansichten berechtigt und notwendig.

Vor dem XX. Parteitag war ich Stalinist. Meine gründliche Abkehr von dieser Geisteshaltung erfolgte 1956 nach den Enthüllungen des XX. Parteitages in einem ganzseitigen Artikel im «Neuen Deutschland», der den Titel hatte: «Gegen den Dogmatismus – für den wissenschaftlichen Meinungsstreit». Seitdem habe ich den Streit, den ich wünsche und nicht im geringsten beklage.

Vor dem XX. Parteitag war, was die Parteiführung sagte, für mich tabu. Sie hatte das Recht der Zensur und der Unterdrückung aller Meinungen, die sie nicht teilte. Heute weiß ich, daß die Parteiführung das Recht der Zensur nicht hat. Ich weiß, jeder von uns, außerhalb und innerhalb der Partei, hat das Recht und die Pflicht, sich ein selbständiges Urteil zu bilden, auch über die Gedanken, die ich in meinen Vorlesungen dargelegt habe. Die Veröffentlichungsrechte für die DDR sind noch frei.

Weder Sklerose noch Osteomalazie

Aus: «Forum» (Organ des Zentralrates
der FDJ) 2, 1965

Auszüge aus früheren und heutigen Arbeiten
Robert Havemanns mit Kommentaren von Hermann Knappe

*«Veröffentlichungen: ein Lehrbuch (Thermodynamik) und über
hundert wissenschaftliche Publikationen.» Das ist alles, was der
Leser des in Hamburg erschienenen Havemann-Taschenbuchs
«Dialektik ohne Dogma?» (Reinbek 1964) über die bisherigen
geistigen Leistungen des Verfassers erfährt. Der Leser möchte eigentlich mehr wissen. Ihn interessiert, zu welchen Problemen Havemann «über hundert wissenschaftliche Publikationen» schrieb;
(. . .) denn schließlich passiert es in der Bundesrepublik nicht sehr
oft, daß ein preiswertes «kommunistisches Buch» (. . .) massenhaft
in den Buchläden zu haben ist. Der Leser ist neugierig; denn er
möchte mehr über jenen Professor für Physikalische Chemie aus der
DDR wissen, der die Veröffentlichungsrechte an seinen politisch-
philosophischen Vorlesungen einem Hamburger Verlag vermachte.
Über den Lebensweg des Robert Havemann hat der Verlag seine
Leser recht ausführlich informiert. Warum geht der Verlag aber in
diesem Falle von seiner guten Gewohnheit ab, dem Leser auch die
wichtigsten früheren Arbeiten des Verfassers zu nennen? Wir wissen
es nicht. Jedenfalls baten einige westdeutsche Studenten die Redak-
tion des «Forum», ihnen die Titel und nach Möglichkeit sogar
Fotokopien früherer Havemann-Schriften zu beschaffen. «Forum»
erfüllte diesen Wunsch und stieß dabei auf geistige Leistungen Robert Havemanns, die so interessant sind, daß sie nicht der Verges-
senheit anheimfallen dürfen. «Forum» bietet seinen Lesern heute
eine übersichtliche Tabelle mit den Thesen eines Mannes, der vor
einigen Jahren das genaue Gegenteil von dem vertrat, was er heute
vertritt. (. . .) Havemann war im Jahre 1951, als er Genossen in
gröbster Weise politisch-philosophisch beschimpfte und verdäch-
tigte, 41 Jahre alt. Er hatte damals schon fast 20 Jahre wissenschaftlicher und politischer Erfahrung hinter sich. Er hätte wissen müssen,
was er mit seinen Aufsätzen bewirkte. Damals übertrieb er seine
Auffassungen bis zum dogmatisch-scholastisch-administrativen
geistigen Exzeß, heute übertreibt er seine Thesen, die ursprünglich
aus einer ehrlich antidogmatischen Einsicht entstanden sein mögen,
so sehr, daß sie in politischen Revisionismus einmünden.*

Sartre als «Afterphilosoph» . . .

«Die ganze Schwäche und Fehlerhaftigkeit der Position, die Genosse Hollitscher in diesem Artikel vertritt, äußert sich bereits in der Behauptung, Sartre sei ‹bestenfalls ein verwirrender Rebell›. Hollitscher stellt sich damit gegen Sartre als ein Ideologe gegen den anderen Ideologen. Was aber wäre seine Aufgabe gewesen? Er hätte aufzeigen müssen, wessen Klasseninteresse der Existentialismus vertritt, er hätte die reaktionäre Klassenrolle dieser Afterphilosophie enthüllen müssen . . . Der ideologische Inhalt, soweit man bei dieser Mischmaschphilosophie (Sartres; ‹Forum›) überhaupt von einem solchen sprechen kann, ist ein Sammelsurium der verschiedensten idealistischen Thesen der Vergangenheit, aufgewärmter Ladenhüter des Idealismus in schwülstiger, absichtlich unklarer und verwirrender Formulierung. Dieser ganze ‹Inhalt› ist völlig sekundär, untergeordnet der primären Klassenrolle dieser Scheinphilophie des kriegslüsternen Imperialismus . . .»

(Robert Havemann in einem längeren Artikel zu einem Buch des österreichischen Marxisten Walter Hollitscher «Walter Hollitscher: ‹. . . wissenschaftlich betrachtet . . .›», in «Einheit», Heft 20/1951, Seiten 1636 und 1637)

. . . und als Gesinnungsgenosse

«‹Dialektik ohne Dogma?› heißt mein Buch. Ich bin der gleichen Meinung wie Sartre, daß der Marxismus die beherrschende Philosophie unserer Zeit ist, daß aber im Laufe der Entwicklung der letzten zwanzig, dreißig Jahre unter dem Einfluß des Stalinismus eine Art von Sklerose des Marxismus eingetreten ist . . . Wir wollen dem Marxismus neue Ideen einverleiben . . . Ideologische Koexistenz im positiven Sinne bedeutet, aus allen geistigen Kräften der Zeit für die eigene Sache Gewinn zu holen, die eigenen Ideen mit den Ideen anderer zu bereichern . . . Auch die phantastischen und interessanten philosophischen und wissenschaftlichen Ideen, die wir bei Männern des Westens finden, werden in die Ideenwelt des neuen Menschen einfließen. In diesem Sinne bejahe ich die ideologische Koexistenz . . .»

(Robert Havemann in einem zehn Seiten langen Beitrag für das Hamburger Nachrichten-Magazin «Der Spiegel», in «Der Spiegel» vom 16. Dezember 1964, Seiten 47/48)

Diagnose: Knochenerweichung

Unter Sklerose versteht man eine Verkalkung bestimmter Organe. Besonders schlimm ist die hypertrophische tuberöse Sklerose, die sich laut Pschyrembels «Klinischem Wörterbuch» «durch erhebliche, allmählich fortschreitende Verblödung» äußert. Einen philosophischen Gegner einfach als «Afterphilosophen» zu beschimpfen, anstatt ihn zu lesen und mit geistigen Argumenten zu widerlegen, ist gewiß ein Verfahren, das Marx, Engels und Lenin ablehnten. Dieses Verfahren ist überhaupt eines Wissenschaftlers unwürdig. Möglicherweise geht es auf «eine Art von Sklerose» bei denen zurück, die solche Verfahren anwenden. Meist aber dient das grobe Schimpfen jenen Leuten als Argumente, die infolge mangelhafter Belesenheit und geistiger Bequemlichkeit nicht argumentieren können. Es fragt sich nur, ob gegen diese Form der «Verkalkung» eine so rabiate «Entkalkung» hilft, die zur Osteomalazie (zur Knochenerweichung infolge Entkalkung) führt. Uns scheint, die ideologische «Osteomalazie» des Robert Havemann von 1964 ist eine ebenso schlimme Krankheit wie seine geistige «Sklerose» von 1951. Wer übrigens wissen möchte, wie ein marxistischer Philosoph in den Jahren 1945 bis 1955 Sartre einschätzte, der lese Georg Mendes Buch «Studien über die Existenzphilosophie» (Dietz Verlag, Berlin 1956). Mende hatte damals Sartre wirklich gelesen und kannte dessen schlechte und bessere Seiten.

Eine peinliche Sammlung . . .

«Wenigstens zwei Drittel des Buches (von Hollitscher; ‹Forum›) sind philosophischen und gesellschaftswissenschaftlichen Fragen gewidmet. Hier liegen die großen und gefährlichen Schwächen des Buches. Es sind die charakteristischen ideologischen Schwächen, mit denen noch viele Genossen zu kämpfen haben, in erster Linie: Mangel an Parteilichkeit und Unversöhnlichkeit gegenüber reaktionären Ideologien, Neigung zum Objektivismus. Neben und in Verbindung mit dieser allgemeinen Schwäche finden wir oft: Befangenheit in positivistischen Gedankengängen und Neigung zu mechanistischer Denkweise. Diese Fehler sind für zahlreiche Leser nicht ungefährlich . . . Aus Mangel an Parteilichkeit, dessen Ursache grundsätzliche ideologische Unklarheiten sind, bewegt sich nun Genosse Hollitscher wie in einem Irrgarten. Er folgt den ideologischen Rechtfertigungsversuchen Sartres . . . Mangelnde Parteilichkeit und Objektivismus finden wir in vielen Aufsätzen des Buches (von Hollitscher; ‹Forum›) . . . Es zeigt sich hier das ganze Übel des Versöhnlertums, wie Hollitscher, trotz Erkenntnis des Problems im Grundsätzlichen, bei dem Versuch, mit einem gemischten Auditorium in Kontakt zu kommen, sofort ideologisch zurückweicht. Der lange Aufsatz ist ein typisches Beispiel für versöhnliches, objektivistisches Herangehen an die Geschichte der Philosophie . . . Alles in allem ist es nicht zu rechtfertigen, daß der Aufbau-Verlag dieses Buch, das sich als eine peinliche Sammlung ideologischer Schwächen aus der Vergangenheit des Genossen Hollitscher erweist, überhaupt erscheinen ließ und im Jahre 1951 sogar noch eine zweite Auflage herausbrachte.»

(Robert Havemann in dem genannten Aufsatz gegen Hollitscher in «Einheit», Heft 20/1951, Seiten 1635, 1636, 1637, 1638, 1643)

. . . ideologischer Schwächen

«Der Stalinismus hat sich in verheerender Weise auf die Gebiete der Philosophie und des theoretischen Marxismus ausgewirkt. Diese lange Zeit der Sterilität und der dogmatischen Erstarrung hat schwere Folgen gezeitigt. Sie sind nicht von heute auf morgen zu überwinden. Was ich dazu (zur dogmatischen Erstarrung oder zu deren Überwindung? ‹Forum›) getan und gesagt habe, das ist nur ein kleiner Beitrag . . .»

(Robert Havemann in seinem Beitrag für den «Spiegel» vom 16. Dezember 1964, S. 47)

«Die Schuld für diese falsche Vorstellung von dem Wesen des dialektischen Materialismus tragen allerdings nicht die Naturwissenschaftler, sondern gerade diejenigen, die man als die ‹offiziellen› Vertreter des dialektischen Materialismus bezeichnen muß . . . Ich bin also gegen die Einmischung von Philosophen in Auseinandersetzungen, wenn sie von dem in Frage stehenden Gegenstand ungenügende Kenntnis haben. Sonst habe ich nichts dagegen, wenn Philosophen sich an philosophischen Auseinandersetzungen beteiligen . . . Echte Freiheit der Meinungsäußerung besteht aber nur dann, wenn sie dazu dient, die Freiheit der Meinungsbildung zu sichern. Man darf die Menschen nicht konfektionieren und behördlich genehmigten Ansichten unterwerfen, was sie nur zu schematischem und oberflächlichem Denken verführt.»

(Robert Havemann in: «Dialektik ohne Dogma?», Reinbek bei Hamburg 1964, S. 24, 72 und 52)

Zu kleiner Beitrag

Zu einem Sozialisten und Wissenschaftler gehört ein Minimum an Charakter. Der Beitrag Robert Havemanns zur Bewältigung dogmatischer Erscheinungen der Vergangenheit ist zumindest in dieser Hinsicht viel zu klein. Ein Mann, der 1951 einen Genossen in absolut unsozialistischer Weise «ideologisch» abkanzelte, der gröbste politische Verdächtigungen gegen einen Genossen drucken ließ und vor lauter geistiger Sterilität nach einem Zensor rief, ein solcher Mann (. . .) hat schwerlich ein Recht, sich wie ein Heiliger und Sittenrichter aufzuspielen. Etwas Selbstkritik täte not! Doch anstatt sich bei Hollitscher öffentlich zu entschuldigen (. . .) tut der Herr Naturforscher, der sich damals wirklich wie ein «offizieller Vertreter der reinen Lehre» aufspielte, heute so, als seien die marxistischen Philosophen an den «dogmatischen Erstarrungen» schuld. Er selbst ist plötzlich für «Freiheit der Meinungsbildung» und gegen die «behördlich genehmigten Ansichten» (eigentlich war Havemann ja schon 1951 gegen die «behördlich genehmigten» [. . .] zwei Auflagen des Hollitscher-Buches, [. . .]). Nur die Meinungsfreiheit der Philosophen will er heute eingeschränkt wissen; ihre Meinungsäußerung wäre ja «Einmischung». Dabei haben einige DDR-Philosophen Herrn Havemann bereits 1951 an wirklicher Meinungsfreiheit weit übertroffen: Genau in dem Monat, da Havemann seine Denunziation schrieb, veranstalteten z. B. Philosophen und Mathematiker in Jena eine sehr freimütige Diskussion über formale Logik, auf der Prof. Dr. Georg Klaus (. . .) erste philosophische Schlußfolgerungen aus der Kybernetik zog.

Etwas Furchtbares . . .

«Reaktionäre Ideologien und die reaktionäre Philosophie des physikalischen Idealismus sind in dem noch kapitalistischen Teil der Welt zu immer schwereren Hemmnissen der Entwicklung der Naturwissenschaften geworden, an deren Überwindung alle ehrlichen Wissenschaftler aufs höchste interessiert sind. Diese Hemmnisse können durch die bewußte Anwendung der Ergebnisse und der Methode des dialektischen Materialismus beseitigt werden. Friedrich Engels' ‹Dialektik der Natur›, Lenins Werk: ‹Materialismus und Empiriokritizismus›, Stalins Arbeiten: ‹Über dialektischen und historischen Materialismus›, ‹Der Marxismus und die Fragen der Sprachwissenschaft› und ‹Ökonomische Probleme des Sozialismus in der UdSSR› sowie die großen Erfolge der Sowjetwissenschaft auf allen Gebieten der Wissenschaft sind Beispiele dafür, wie durch die bewußte Anwendung der materialistischen Dialektik (. . .) die großen, entscheidenden Probleme der Wissenschaft gelöst werden können . . .»

(R. Havemann in seinem ersten Beitrag «Über philosophische Fragen der modernen Physik» für die Diskussion in der «Deutschen Zeitschrift für Philosophie», 1. Jahrgang, Heft 2/1953, S. 378)

«Mit der ‹Dialektik der Natur› retteten unsere sowjetischen Genossen eins der wertvollsten Stücke unseres nationalen Kulturerbes, das ohne ihre Hilfe einem Verbrechen des Klassenfeindes zum Opfer gefallen wäre. Mit den großen Werken Lenins und Stalins, mit ‹Materialismus und Empiriokritizismus›, ‹Über dialektischen und historischen Materialismus› und ‹Der Marxismus und die Fragen der Sprachwissenschaft›, wie auch mit der ganzen, großen, fortgeschrittenen Sowjetwissenschaft erwiesen sich unsere sowjetischen Genossen als unsere Lehrmeister . . .»

(Robert Havemann: «Dialektik der Natur», in «Einheit», Heft 9/1952, S. 855)

. . . ist geschehen

«Übergehend von der bürgerlichen Philosophie jener Zeit zur dialektisch-materialistischen Philosophie kann man nur sagen, daß es eigentlich nur wenige Schriften gibt, die überhaupt die Entwicklung der Naturwissenschaften beeinflussen und den Naturwissenschaftlern bei der Bewältigung ihrer theoretischen Probleme helfen konnten: der ‹Anti-Dühring› und die ‹Dialektik der Natur› von Engels und ‹Materialismus und Empiriokritizismus› von Lenin. Diese drei

Schriften haben sich aber aus historischen Gründen überhaupt nicht ausgewirkt... Ferner ist die ‹Dialektik der Natur› nur ein Fragment, das von Fachleuten abgelehnt wurde... So ist denn dieses Buch bei Naturwissenschaftlern nahezu unbekannt geblieben... Ähnlich schwierig verhält es sich mit Lenins ‹Materialismus und Empiriokritizismus›. Auch dieses Buch wurde erst sehr spät in Deutschland zugänglich (nämlich 1949 im Dietz Verlag; ‹Forum›) und blieb außerhalb der russischen Arbeiterbewegung weitgehend unbekannt... Tatsächlich aber setzte in der Zeit, die dann kam (also nach 1947? ‹Forum›), ein fortschreitender Verfall der Lehren des dialektischen Materialismus ein. (...) Die Herren, die von den Kathedern der Sowjetunion den dialektischen Materialismus lehrten, kehrten zu den Positionen des Vulgär-Materialismus und des mechanischen Materialismus zurück... Etwas Furchtbares ist geschehen: Der dialektische Materialismus ist jahrzehntelang durch seine offiziellen Vertreter bei allen Naturwissenschaftlern der Welt in zunehmendem Maße diskreditiert worden.»

(Robert Havemann: «Dialektik ohne Dogma?», S. 11, 12, 15)

Dogmen damals und heute

Robert Havemanns Thesen über die Wirkung der philosophischen Schriften von Engels und Lenin widersprechen einander nicht dialektisch, sondern logisch. Wenn Havemann 1952 und 1953 eine Sache «ausgezeichnet» nennt und 1964 dieselbe Sache «grundschlecht», dann widerspricht er sich selbst. Logisch sind dann folgende Varianten möglich: Entweder hatte er 1952/53 recht und 1964 unrecht, oder er hatte 1952/53 unrecht und 1964 recht, oder er hatte sowohl 1952/53 als auch 1964 unrecht. Wir neigen zur letzten Variante; denn Havemanns absoluten, einseitigen und problemlosen (übrigens auch dem Jargon des Personenkults peinlich verhafteten) Lobeshymnen aus den Jahren 1952/53 können wir ebensowenig Glauben schenken wie seinen genauso absoluten, einseitigen und problemlosen Verdammungsurteilen vom Jahre 1964. Geradezu peinlich wirkt die Tatsache, daß Havemann heute den Eindruck erwecken möchte, als habe er immer schon so gedacht und geschrieben wie 1964, daß er seine Lobeshymnen auf Stalin weder erwähnt noch zurücknimmt und daß er die Schuld für frühere Fehleinschätzungen immer wieder auf andere Leute schiebt. Im Grunde ist Havemann heute, wenn auch anders herum, ebenso stark dogmatischen Denkstrukturen verhaftet, wie er es 1952/53 war.

Die Erfindung . . .

«Was sind z. B. die Ansichten des Genossen Hollitscher heute über den ‹Eisberg der menschlichen Seele›, der angeblich nur zum winzigen Teil über die Oberfläche des Bewußtseins hinausragt? Erkennt der Genosse Hollitscher heute, daß die Psychoanalyse grundsätzlich nichts mit Wissenschaft zu tun hat, sondern im Gegenteil nur ein Beispiel dafür ist, wie die barbarische Ideologie des Imperialismus eine noch unentwickelte Wissenschaft – die Psychologie – mit einem Schlage zu zerstören sucht? Die Psychoanalyse ist eine antihumanistische, barbarische Ideologie, denn sie macht die tierischen Triebe zur Grundlage der menschlichen Psychologie und verleugnet die Beherrschung des Tierischen in uns durch die Kraft des menschlichen Bewußtseins. Die Psychoanalyse ist ein krasser Versuch der Leugnung des menschlichen Bewußtseins vermittels der Erfindung des sogenannten ‹Unbewußten› im Menschen . . . In der Sowjetunion wurde Anfang der 30er Jahre die Diskussion über die Psychoanalyse abgeschlossen und ihr reaktionärer, unwissenschaftlicher und mystischer Charakter nachgewiesen. Ein erneutes Aufleben Freudscher Ideen wurde später anläßlich der Kritik an Rubinstein schärfstens verurteilt. Rubinstein wurde mit Recht vorgeworfen, daß er die Freudsche Grundthese vom ‹Unbewußten› in die sowjetische Psychologie wieder einzuschmuggeln versuchte . . .»

(Robert Havemann in dem genannten Aufsatz gegen Hollitscher in «Einheit», Heft 20/1951, Seiten 1641/1642)

. . . des sogenannten «Unbewußten»

«Unser Triebleben kommt sicher aus der Tiefe unserer biologischen Existenz. Wir haben den Nahrungstrieb, den Geschlechtstrieb, den Trieb für die Sicherung der Nachkommenschaft, überhaupt vielfältige Triebe für die Sicherung der biologischen Existenz. Diese Triebe sind im Menschen ebenso vorhanden wie in anderen Tieren. Sie bedürfen zu ihrer Entstehung natürlich nicht erst der Gesellschaft, sondern sind einfach Voraussetzungen für die Entwicklung höher organisierten Lebens. Aber sind diese Triebe tatsächlich Kräfte, die das soziale Gefüge der Gesellschaft antasten können? Ich glaube, eher umgekehrt: Die Entfaltung dieser Triebe kann durch das soziale Gefüge der Gesellschaft in Frage gestellt werden . . .»

(Robert Havemann: «Dialektik ohne Dogma?», S. 147)

Krankhafter Geltungstrieb

*Erkennt der Herr Havemann heute, daß es doch Triebe und unbe-
wußte psychische Vorgänge gibt? Das ist ja ein gewaltiger Fortschritt!
Doch in seiner Tabelle der Triebe fehlt ein wichtiger Trieb: der
Geltungstrieb. Offenbar spielt er im «Eisberg» des Havemannschen
Denkens und Fühlens eine so große Rolle, daß der Amateurpsycholo-
ge in dieser Hinsicht einige Komplexe hat, die seinen munteren Rede-
fluß jäh stoppen? Recht hat er: Die «Entfaltung» des krankhaften
Geltungstriebs kann das soziale Gefüge unserer Gesellschaft kaum
antasten, weil umgekehrt die Gesellschaft durchaus in der Lage ist, die
«Entfaltung» dieses Triebes in Frage zu stellen. Man müßte auch den
keineswegs biologischen, sondern krankhaft «sozialen» Trieb, unbedingt über Dinge reden zu wollen, von denen man nichts versteht,
einschränken können. Dann wäre Havemanns Ausrutschen auf tie-
fenpsychologischem Terrain möglicherweise vermieden worden. Er
hat die Arbeiten von Freud, Adler, C. G. Jung usw. offenbar überhaupt nicht gelesen; denn, obzwar deren Theorien reaktionäre Elemente enthalten, eines kann man ihnen nicht vorwerfen: «Leugnung
des menschlichen Bewußtseins vermittels der Erfindung des sogenannten ‹Unbewußten› im Menschen» (um Havemanns gepflegtes
Deutsch zu verwenden). Der «Schmuggler» Rubinstein hat übrigens
1957 in Moskau ein vorzügliches Buch veröffentlicht, das 1962 im
Akademie-Verlag in deutscher Sprache erschien (S. L. Rubinstein:
«Sein und Bewußtsein», Berlin 1962). Havemann sollte es einmal
lesen, wenn er sich über die Dialektik von Bewußtem und Unbewuß-
tem informieren will. Diese Dialektik spielte auch in den Diskussionen der Zeitschrift «Einheit» (vgl. Heft 11/1962) und des «ND» über
«Denken und Fühlen in unserer Zeit» eine wesentliche Rolle.*

Lyssenkos Zeugnis . . .

«Engels' ‹Dialektik der Natur› hat bereits die Arbeiten vieler sowjetischer Naturwissenschaftler befruchtet, denen das Werk seit 1925 zugänglich ist. So schreibt T. D. Lyssenko in seinem Werk ‹Agrobiologie›: ‹Wir finden bei Engels leitende Gedanken zur weiteren Bearbeitung der für die agrobiologische Wissenschaft so wichtigen Frage nach den Ursachen der Veränderlichkeit bei den Organismen . . . Um Aufschluß über diese Frage zu bekommen, die für die Theorie und auch für die Praxis so wichtig ist, muß man unbedingt die Werke von Engels zu Hilfe nehmen› (T. D. Lyssenko, ‹Agrobiologie›, Verlag Kultur und Fortschritt, Berlin 1951, S. 338). Gerade dieses Zeugnis Lyssenkos demonstriert überzeugend, daß die ‹Dialektik der Natur› nicht nur erheblich zur Entwicklung der Wissenschaft, sondern auch bereits in großem Maße zur Veränderung der Welt beigetragen hat . . .»

(Robert Havemann: «Dialektik der Natur», in «Einheit», Heft 9/1952, S. 854)

. . . ein unerfreulicher Vorgang

«Auch Naturwissenschaftler haben sehr unter diesem bornierten Dogmatismus der Philosophen zu leiden gehabt. Besonders schlimm war es übrigens auf dem Gebiet der Biologie. Wir wissen, daß bei diesen unerfreulichen Vorgängen aber nicht nur Philosophen, sondern auch Naturwissenschaftler mitgewirkt haben. Lyssenkow (im Original falsch geschrieben; ‹Forum›) z. B. kann man wohl kaum als einen Philosophen bezeichnen. Aber ich will jetzt diese Frage hier nicht weiterbehandeln. Es wäre auch unrecht, hierzu nur Beispiele aus der Sowjetunion zu bringen, während wir doch auch in unserem Lande genug davon haben. Ich werde das bei entsprechender Gelegenheit jeweils nachholen.»

(Robert Havemann: «Dialektik ohne Dogma?», S. 73)

Von Sachkenntnis unbelastet

In diesen zwei Havemann-Absätzen stecken (außer dem logischen Widerspruch zwischen dem Lob für Lyssenko 1952 und der zarten Kritik an Lyssenko im Jahre 1964) drei sachliche Unrichtigkeiten: 1. Havemann hätte bei näherem Studium 1952 feststellen müssen, daß Lyssenko kein Recht hat, sich ausgerechnet auf Engels zu berufen; denn Engels lobt in der «Dialektik der Natur» (Berlin 1952, S. 243) an Darwins Evolutionstheorie, daß er «von der breitesten vorgefundenen Grundlage der Zufälligkeit ausgeht», während Lyssenko in seinem Schlußwort in der «August-Tagung» 1948 («Die Lage in der biologischen Wissenschaft», Moskau 1949, S. 771) bestimmte: «Wir müssen uns fest einprägen, daß die Wissenschaft der Feind des Zufalls ist.»

2. Havemann behauptet 1964, an den «unerfreulichen Vorgängen» des Personenkults um Lyssenko hätten «nicht nur Philosophen, sondern auch Naturforscher mitgewirkt». Tatsächlich war unter den rund 50 Rednern, die auf der August-Tagung Lyssenkos Dogmen in der Mehrheit unterstützten, nur ein einziger Philosoph: M. B. Mitin, der dort einen relativ zurückhaltenden Beitrag hielt.

3. Havemann behauptet 1964, wir hätten in der DDR genug Beispiele «davon». Da er nicht, wie er verspricht, auf die Sache zurückkommt, muß man annehmen, er meine Beispiele für Lyssenko-Dogmatismus? Tatsächlich gab es in der DDR keinen ernst zu nehmenden Philosophen, der zu irgendeiner Zeit Lyssenko vorbehaltlos unterstützt hätte. Im Gegenteil. Junge Philosophen der DDR haben bereits 1957 sehr deutlich und offen nachgewiesen, daß Lyssenko wichtige Erkenntnisse des dialektischen Materialismus mißachtete und revidierte (vgl. «Ehrlicher Meinungsstreit in der Wissenschaft» in «Forum» 23/64).

1950: Berufsverbot West

Robert Havemann:
Trumans großer Theaterdonner
Was die Wissenschaft zur
«Wasserstoff-Superbombe» sagt

Aus: «Neues Deutschland» v. 5. Februar 1950

Im vergangenen Jahr gab es, wie der deutsche Entdecker der Uran-spaltung, Otto Hahn, es ausdrückte, eine «gute Nachricht», nämlich die Nachricht von der sowjetischen Atombombe. Nun wünschen die USA offensichtlich, diese gute Nachricht durch eine schlechte zu kompensieren. Die Wasserstoff-Superbombe, zu der sich Mister Truman «schweren Herzens» entschlossen hat, soll dem alten Ter-rorbomber-Prinzip der USA-Luftwaffe im kalten Krieg wieder Gel-tung verschaffen. In der Maske des Biedermanns offeriert Amerika der Welt eine neue, womöglich noch schrecklichere Drohung als die barbarische Demonstration von Hiroshima im Jahre 1945.

Man muß sich fragen, ob die Amerikaner ernstlich glauben, sie könnten durch neue Terrordrohungen die Schwindsucht ihres Pre-stiges in der Welt zum Stillstand bringen. Schließlich ist doch anzu-nehmen, daß die bitteren und enttäuschenden Wahrheiten, die der britische Atomphysiker und Nobelpreisträger Blackett den Ver-fechtern des Bombenkrieges aufgetischt hat, den militärischen Fachleuten in den USA nicht unbekannt geblieben sind. Durch die westliche Propagandamaschine hat man aber versucht, diese Wahr-heiten der Bevölkerung zu verschweigen. Und da man also beab-sichtigt, die öffentliche Unkenntnis für recht durchsichtige Zwecke auszubeuten, ist die Frage von Interesse, was denn eigentlich wis-senschaftlich von dem neuesten Theaterdonner der Atombomben-strategen zu halten sei.

Die Uranspaltung und der Zerfall von Plutonium waren die er-sten technisch durchgeführten Atomkernreaktionen, die unter Frei-setzung von großen Energiemengen vor sich gehen. Unter allen möglichen und bekannten Kernreaktionen sind diese beiden Zer-fallprozesse gerade die unökonomischsten, sowohl was die je Kilo-gramm freigesetzte Energiemenge betrifft als auch im Hinblick auf die relative Seltenheit und schwierige Beschaffbarkeit von Uran und Plutonium. Es ist aber seit langem bekannt, daß eine andere Kernreaktion im Weltall eine sehr große Bedeutung besitzt, nämlich der Aufbau schwererer Elemente aus Wasserstoff. Die gesamte von den Sternen ausgestrahlte Energie entstammt solchen Aufbauprozessen, bei denen Wasserstoffatome zu schweren Atomkernen vereinigt werden.

Der einfachste Vorgang, nämlich die Vereinigung von vier Wasserstoffatomen zu Helium, stellt den energiereichsten Kernprozeß dar, der überhaupt denkbar ist. Auf der Sonne z. B. verläuft eine komplizierte Reaktionskette, deren Ausgangspunkt der reichlich in der Sonne enthaltene Wasserstoff und deren Endprodukt das Helium ist, das ja seinen Namen nach dem griechischen Wort Helios gleich Sonne erhalten hat. Die relativ geringe Geschwindigkeit der Heliumbildung auf der Sonne beruht darauf, daß die Vereinigung von vier Wasserstoffatomen nicht direkt zur Bildung von Helium führt, sondern daß nacheinander erst verschiedene instabile Zwischenprodukte bis zur Größe eines Kohlenstoffatoms gebildet werden, die schließlich in Helium zerfallen.

In den Sternen und auch in der Sonne finden aber auch noch weitere fortschreitende Prozesse statt, bei denen unter Aufnahme von Wasserstoffatomen zahlreiche schwerere und schwerste Elemente gebildet werden. Die große Energiemenge, die dabei freigesetzt wird, beruht darauf, daß das Gewicht des Wasserstoffatoms 1,008 Atom-Gewichtseinheiten beträgt, wohingegen das Gewicht eines Atomkerns nach Bindung eines Wasserstoffatoms nur um 1,000 Atomgewichtseinheiten zunimmt. Die Atomgewichtsmenge 0,008 wird bei der Bindung des Wasserstoffkerns in Energie umgewandelt. Man nennt diese Massendifferenz von 0,008 Einheiten den Massendefekt der betreffenden Kernreaktion und bestimmt durch ihn die Größe der freigesetzten Energiemenge gemäß der Einsteinschen Masse-Energie-Beziehung.

Die unter Wasserstoffbindung vor sich gehenden Kernreaktionen haben unter allen möglichen Kernreaktionen den größten Massendefekt. Deshalb war es von Anfang an ein Ziel der kernphysikalischen Forschung, solche Kernreaktionen zu finden. Viel diskutiert wurde in diesem Zusammenhang die Umwandlung von schwerem Wasserstoff (Deuterium) in Helium. Ein Deuteriummolekül besteht aus zwei Deuteriumatomen, deren jedes aus einem Proton und einem Neutron zusammengesetzt ist. Das Heliumatom unterscheidet sich von dem Deuteriummolekül hinsichtlich der Zusammensetzung nicht, da es aus zwei Protonen und zwei

Neutronen besteht. Zur Umwandlung von Deuterium in Helium würde es also genügen, daß die beiden Deuteriumatome durch Anwendung von Druck genügend einander genähert werden, um sich zu einem Heliumatom zu vereinigen. Der Durchführung dieses Vorganges steht aber wahrscheinlich gerade die außerordentlich große Energieausbeute im Wege, die auf Grund einfacher physikalischer Überlegungen eine besonders hohe Temperatur und hohen Druck für den Verlauf des Prozesses fordert.

Die von der amerikanischen Propaganda genannte Kernreaktion aus schwerstem Wasserstoff (Triton), dessen Atomkern aus einem Proton und zwei Neutronen besteht, und gewöhnlichem Wasserstoff, deren Vereinigung wiederum ein Heliumatom ergibt, besitzt wegen des größeren Gewichts des einen Bestandteils (Triton) zweifellos günstigere Bedingungen für ihre Realisierung. Der Nachteil dieses Verfahrens sind aber die außerordentlich große Seltenheit des Tritons und die Mühseligkeit seiner synthetischen Herstellung.

Aussichtsreichere Wasserstoffreaktionen sind die Vereinigung von schwereren Kernen mit Wasserstoff, d. h. die Bindung von Wasserstoffatomen in den sogenannten Hydriden, das sind Verbindungen von schwereren Elementen, u. a. von Metallen, mit Wasserstoff. Die Nachrichten aus der Sowjetunion über die Anwendung der Atomenergie zu friedlichen Zwecken haben allgemein zu der Vermutung geführt, daß man in der Sowjetunion bereits solche Kernreaktionen beherrscht.

Diese hier geschilderten technischen Zusammenhänge sind allgemein bei den Atomphysikern und Atomtechnikern bekannt, und es wäre völlig abwegig, von einem Monopol der Vereinigten Staaten auf diesem Gebiet zu sprechen. Die von den Amerikanern in die Welt gesetzte Drohung mit einer Superbombe zielt daher eindeutig auf die Erzeugung von Panik bei Menschen ab, die schwache Nerven haben und für uninformiert genug gehalten werden, um die Propagandabombe des Weißen Hauses in Washington für bare Münze zu nehmen. Andererseits legen die Nachrichten aus der Sowjetunion den Schluß nahe, daß man dort auf dem hier angedeuteten Wege erhebliche technische Fortschritte bereits erzielt hat.

Robert Havemann:
H-Bombe, Stadtrat May und Demokratie
Eine notwendige Erklärung,
nur zum Teil in eigener Sache

Aus: «Neues Deutschland» v. 12. April 1950

Die Nachricht von der amerikanischen Wasserstoffbombe, zu deren Herstellung sich Präsident Truman «schweren Herzens» entschlossen hat, löste in der ganzen Welt einen Sturm der Entrüstung und der Proteste aus. Zwölf führende amerikanische Atomphysiker forderten von der USA-Regierung die feierliche Erklärung, daß die USA in keinem Fall als erste Macht Atombomben anwenden werden. Frau Roosevelt veranstaltete gemeinsam mit Einstein, Oppenheimer und fünf anderen Physikern eine durch Radio verbreitete Diskussion gegen das Wettrüsten und den Mißbrauch der Wissenschaft zur Herstellung von Massenvernichtungsmitteln. Norbert Wiener, der Schöpfer der berühmten elektrischen Gehirne und Gründer der Gesellschaft zur Förderung der sozialen Verantwortlichkeit in der Wissenschaft, weigerte sich, seine Kenntnisse und seine Arbeit der amerikanischen Armee zur Verfügung zu stellen. Die «Deutsche Zeitung» und «Wirtschaftszeitung Stuttgart» schreibt am 1. März in einem Artikel aus New York: Eine starke Minderheit des Repräsentantenhauses stellt die Fruchtlosigkeit aller Diplomatie der bewaffneten Faust dar. Die Kirchen erheben sich gegen den alten Unsinn, man müsse sich zum Kriege vorbereiten, wenn man den Frieden erhalten will. James Warburg erhält 150 prominente Unterschriften für einen Offenen Brief an den Präsidenten, in dem eine Ächtung des Atomkrieges gefordert wird. Der Artikel schließt: Kein Zweifel kann daran bestehen, daß die von der Wasserstoffbombe ausgelöste moralische Krise tiefer und allgemeiner ist als die, welche der Hiroshimabombe folgte.

Am 5. Februar 1950 veröffentlichte ich im «Neuen Deutschland» einen Artikel über die Wasserstoffbombe, in dessen Einleitung es heißt: «Die Wasserstoffbombe soll dem alten Terrorbomber-Prinzip der USA-Luftwaffe wieder Geltung verschaffen. In der Maske des Biedermannes offeriert Amerika der Welt eine neue und möglichst noch schrecklichere Drohung als die barbarische Demonstration von Hiroshima im Jahre 1945. Man muß sich fragen, ob die Amerikaner ernstlich glauben, sie könnten durch neue Terrordrohungen die Schwindsucht ihres Prestiges in der Welt zum Stillstand bringen.» Der Artikel stellt dann die wissenschaftlichen Grundlagen der Atomreaktionen mit Wasserstoffkernen dar und gelangt zu der Feststellung, daß die Sowjetunion sehr wahrscheinlich solche Reaktionen bereits wissenschaftlich und technisch beherrscht, während die von den Amerikanern bekanntgegebene Reaktion mit überschwerem Wasserstoff ungünstig sei. Dieser Teil meines Artikels ist in sensationeller Aufmachung von der gesamten Weltpresse besprochen worden. Prof. Joliot-Curie erklärte zu derselben Frage, daß die Sowjetunion den amerikanischen Wasserstoffbombenschwindel nicht fürchtet, da sie auch auf diesem Gebiet den USA bereits voraus ist.

An dieser Stelle meines Berichtes wird man fragen, was hat Herr May, Stadtrat für Volksbildung in der Westberliner Verwaltung, mit der Wasserstoffbombe zu tun? Sollte auch Herr May sich in die Reihen fortschrittlicher Menschen begeben haben, die gegen den barbarischen Mißbrauch der Wissenschaft protestieren? Sollte Herr May begriffen haben, daß in dieser Sache schweigen heißt: mitverantwortlich werden für einen uns möglicherweise bevorstehenden neuen millionenfachen Mord? Leider – für Herrn May – müssen wir diese Fragen verneinen. Was aber Herr May mit der Wasserstoffbombe doch zu tun hat, geht aus dem an mich gerichteten Suspendierungsschreiben vom 27. Februar hervor, in dem er feststellt, er habe mit Bedauern festgestellt, daß ich das «Neue Deutschland» am 5. Februar 1950 zu meinem Publikationsorgan gewählt habe und in der Einleitung meines Aufsatzes eine auffallende Anpassung an die im «Neuen Deutschland» übliche Terminologie zeige. Er suspendiert mich dann wegen meiner Stellungnahme zur Wasserstoffbombe und ausschließlich deswegen mit sofortiger Wirkung von meinen Funktionen im Dahlemer Kaiser-Wilhelm-Institut und erläßt zugleich das Verbot des Betretens der Institutsräume. Ich erhielt den Brief mit einiger Verzögerung, weil sich der Verwaltungsleiter, Professor Überreiter, weigerte, ihn an mich auszuhändigen. Mein Artikel und der Brief wurden erst nach Göttingen an Professor Bonnhöfer [gemeint ist Prof. Bonhoeffer, M. W.], den Direktor des Instituts, gesandt. In späteren Besprechungen mit Bonnhöfer und in einer Abteilungsleiterkonferenz wurde das Suspendierungsschreiben wegen seiner Verletzung der demokratischen Prinzipien einstimmig abgelehnt.

Es scheint mir mehr als bloßer Zufall zu sein, daß ich mich in demselben Kaiser-Wilhelm-Institut in Dahlem im Jahre 1933 in der gleichen Situation befunden habe. Auch damals wurde ich wegen meiner politischen und weltanschaulichen Überzeugung aus dem Hause gejagt. Und heute, bereits fünf Jahre nach dem Ende der Hitlerherrschaft, fällt es einem angeblichen Sozialdemokraten ein, wieder in die Fußtapfen der Nazis zu treten, um mich wegen der Äußerung meiner politischen Meinung aus dem Hause zu jagen.

Doch noch ist es nicht wieder so weit wie 1933. Auf einstimmigen Beschluß der Abteilungsleiter des Kaiser-Wilhelm-Instituts, der Professoren Überreiter, Stranski, Tödt, Ruska und Lautsch, hat der Direktor Prof. Bonnhöfer beim Westmagistrat die Aufhebung der Suspendierung gefordert, da die von Stadtrat May gegebene Begründung eine Verletzung der demokratischen Prinzipien darstellt. Die direkte Folge dieses Protestschrittes der Dahlemer Wissenschaftler war eine Verlautbarung des Westberliner Magistrats-Presseamts, die in zahlreichen Westberliner Zeitungen erschienen ist und in der mir u. a. die folgenden kapitalen Vergehen vorgeworfen werden: Prof. H. hat einen Artikel über die russische Atombombenentwicklung veröffentlicht. Am 28. März hielt er vor dem Berliner Forum der Nationalen Front eine Hetzrede gegen den Berliner Magistrat. Seit 1945 wird H. von der kommunistischen Presse gefeiert. Er ist Mitglied der Kommunistischen Partei. Bereits 1948 hat H. erklärt, daß die Wissenschaftler der kapitalistischen Welt ausgebeutet werden. Im Oktober 1949 erklärte er: Vier Wochen Bonner Parlament haben genügt, den schmählichen Verrat an den nationalen Lebensinteressen unseres Volkes zu offenbaren.

Durch diese «rührende», leider recht unvollständige Aufzählung der Fälle, in denen ich von meinen demokratischen Rechten Gebrauch machte, sehe ich mich in meinen politischen Bestrebungen zwar in dankenswerter Weise unterstützt. Doch der Zweck dieser Meldungen ist ein ganz anderer: Die Leitung des Kaiser-Wilhelm-Instituts und andere Wissenschaftler in Westberlin sollen eingeschüchtert und von jedem weiteren Versuch abgehalten werden, für die demokratischen Freiheitsrechte einzutreten. Demgegenüber sehe ich den Zweck meiner Erklärung darin, alle diejenigen zu ermutigen, die es ernst meinen mit der Demokratisierung Deutschlands und mit der Verteidigung der Freiheit der Wissenschaft gegen den Dünkel und die behördliche Intoleranz. Auch hoffe ich, daß diese notwendig gewordene Klarstellung meine wissenschaftlichen Kollegen von dem ganzen Ernst der Gefahr der Mitverantwortung für die mit den Mitteln der

Wissenschaft begangenen barbarischen Verbrechen moderner Kriege überzeugt.

Ich gebe diese Erklärung darum nur zum Teil in eigener Sache, denn es geht wahrlich um mehr als um meine Person. Es geht um unser aller Zukunft.

1965/66: Berufsverbot Ost

Robert Havemann:
Die Partei ist kein Gespenst
Plädoyer für eine neue KPD

Aus: «Der Spiegel», Nr. 52/1965

Für eine Aufhebung des Verbots der KPD gibt es viele Gründe. Ich will zuerst einige nennen, die von Nicht-Kommunisten und sogar von Gegnern der Kommunisten bedacht und gebilligt werden können:

1. Die Bundesrepublik befindet sich unter den Ländern des Westens mit ihrem KPD-Verbot nicht in der besten Gesellschaft, jedenfalls nicht in der Gesellschaft demokratischer Staaten. In Europa sind es außer der Bundesrepublik nur die totalitären Regimes in Spanien und Portugal, die ihre KP verboten haben. Alle repräsentativen westlichen Demokratien leisten sich ihre KP, zum Beispiel: England, Frankreich, USA, Italien, Schweden, Norwegen, Dänemark, Holland, Belgien, Luxemburg, die Schweiz, Indien, Japan – um nur die wichtigsten zu nennen. Selbst in Griechenland existiert eine sehr rührige Nachfolgepartei der Kommunisten.

2. Antikommunismus = Antisowjetismus: diese nicht unbedingt allgemeingültige Gleichung gilt aber nach dem Urteil der Weltmeinung jedenfalls für die Deutschen, weil sie die Grundthese Hitlers war. Das KPD-Verbot ist deshalb ein wirksames Argument für die Behauptung, die Politik der Bundesrepublik sei revanchistisch.

3. Weil das KPD-Verbot die Bundesrepublik als einen besonders reaktionären Staat erscheinen läßt, erzeugt es besonders im Osten Zweifel an der Ehrlichkeit der wiederholten Erklärungen, man erstrebe friedliche Beziehungen zu den sozialistischen Ländern.

4. Die Erklärung der Bundesregierung, sie erstrebe die Wiedervereinigung auf friedlichem, demokratischem Wege, wirkt angesichts des KPD-Verbots als scheinheilig: ihre Behauptung, sie sei von den beiden deutschen Regimen das einzig demokratische, wird selbst für notorische Antikommunisten zweifelhaft, ja unglaubwürdig. Staatliche Demokratie verträgt sich nicht mit einer Verurteilung der Kommunisten zu Illegalität und Konspiration. Die Behauptung, das Verbot der KPD diene dem Schutz der Demokratie,

ist ein Widersinn. Schon einmal begann in Deutschland das Ende der Demokratie mit dem Verbot der kommunistischen Partei. Es war der erste Schritt ins Tausendjährige Reich. Dies sollten sich einmal diejenigen ganz besonders überlegen, denen die innere und äußere Sicherheit der Bundesrepublik von Berufs wegen am Herzen liegt.

5. Die Erklärung, man wolle ein Jahr vor der Durchführung gesamtdeutscher Wahlen die KPD wieder zulassen, damit sie am Wahlkampf teilnehmen kann, ist reine Spiegelfechterei. Im übrigen kommt in diesem fragwürdigen Vorschlag nur das schlechte Gewissen darüber zum Ausdruck, daß friedliche Wiedervereinigung und KPD-Verbot miteinander unvereinbar sind.

6. Das KPD-Verbot erweckt den Eindruck, als sei die KPD eine für die Bundesrepublik und ihre staatliche Ordnung gefährliche Partei. Ihre Wiederzulassung zu den Wahlen würde aber nur ihre derzeitige Schwäche offensichtlich machen. Das könnte in Konsequenz auch die Frage einer neuen SPD in der DDR aufwerfen.

Mit den Möglichkeiten der Ausräumung der juristischen Gründe für die Aufrechterhaltung des KPD-Verbots will ich mich nicht befassen. Ich glaube, man muß das Juristen überlassen.

Aber es gibt auch noch eine gänzlich andere Lösung des Problems, nämlich die Gründung einer neuen kommunistischen Partei der Bundesrepublik, für deren Zulassung gemäß dem Grundgesetz das Verbot der alten kein Hinderungsgrund sein muß. Bei dieser Neugründung wäre allerdings der Nachweis zu erbringen, daß es sich wirklich um eine neue Partei handelt und nicht um eine getarnte Fortsetzung der alten Partei. Die Partei könnte sich KPB statt KPD nennen. Es mag Leute geben, die in jeder Suppe ein Haar finden und in dieser Bezeichnung eine versteckte Anerkennung der Zwei-Staaten-Theorie wittern. Aber darum brauchten sich die Kommunisten nun wirklich nicht zu kümmern. Das Grundgesetz verbietet ja keinem Bürger, die DDR als einen Staat zu betrachten. Man kann das auch kommunistischen Bürgern kaum verwehren.

Die neue Partei soll keine getarnte Fortsetzung der alten Partei sein: Soll das etwa bedeuten, daß die Neugründung nur erfolgt, um auf diese Weise dem bestehenden Verbot aus dem Wege zu gehen? Das hieße nichts anderes, als daß es sich doch um eine Neuauflage der alten KPD handelt. Oder soll das heißen, daß die neue Partei das gegen die alte ausgesprochene Verbot politisch und rechtlich anerkennt? Dies wiederum würde nichts anderes bedeuten, als daß sich die neue Partei wohl als kommunistische deklariert, es aber in Wahrheit nicht ist. Eine kommunistische Partei, die das Karlsruher

Verbot der KPD anerkennt, ist keine kommunistische Partei! Hic Rhodus, hic salta!

Die Antwort in diesem Dilemma lautet: Ob Wiederzulassung oder ob Neugründung, in jedem Falle muß die kommunistische Partei, die jetzt oder in Zukunft aus dem Schattendasein der Illegalität hervortritt, eine von Grund auf neue, gewandelte kommunistische Partei sein. Die Partei muß zur alten KPD ja und zugleich nein sagen. Die Partei ist kein Gespenst, sondern ein lebendiges Wesen. Also muß sie lernen, muß Konsequenzen ziehen.

Keinesfalls darf aber diese neue KP der Bundesrepublik eine aus der alten KPD abgespaltene Sekte sein. Solche Sekten sind von vornherein zum Tode verurteilt und werden schlimmstenfalls für einige Jahre durch die Geheimdienste am Leben erhalten. Die neue KP muß von vielen anderen kommunistischen Parteien als eine der ihren anerkannt werden, zumindest von den großen Parteien in Westeuropa. Und sie muß sich auch als eine der ihren betrachten. Ob es eine solche Partei geben kann, wird also nicht in Karlsruhe oder Bonn entschieden.

Für den Aufbau einer von Grund auf neuen kommunistischen Partei in der Bundesrepublik gibt es viele Gründe, die mit der besonderen politischen Situation in Deutschland zunächst gar nichts zu tun haben. Sie leiten sich vielmehr her aus den tiefgreifenden Wandlungsprozessen, die sich gegenwärtig in der Phase der Überwindung des Stalinismus im internationalen Kommunismus vollziehen. Zugleich erfordert jedoch gerade die politische Entwicklung in Deutschland eine diesen Wandlungen gerecht werdende gründliche Neuorientierung der deutschen Kommunisten. Vielleicht wäre eine Aufhebung des KPD-Verbots statt einer Neugründung einer solchen gesunden Entwicklung sogar hinderlich (sie läge also eigentlich im Interesse der politischen Gegner der Kommunisten!).

Andererseits stehen einer Neugründung viele «traditionelle» Bedenken der alten Kommunisten entgegen. Bedeutet die Neugründung nicht, der kampferprobten Partei Rosa Luxemburgs und Karl Liebknechts und dem Erbe des von den Nazis erschlagenen Ernst Thälmann untreu zu werden? Ich glaube nicht! Im Gegenteil, die Erneuerung der Partei, die heute unausweichlich auf der Tagesordnung steht, kann und muß sich in vielen entscheidenden Punkten gerade auf Liebknecht und ganz besonders auf Rosa Luxemburg gründen, deren Schriften seit Jahrzehnten von den Stalinisten unterdrückt worden sind. Sie wurden unterdrückt, weil Rosa Luxemburg mit prophetischer Klarheit bereits die ersten gefährlichen Schritte zur Beseitung der innerparteilichen Demokratie, die später zum Stalinismus führten, erkannt und schärfstens kritisiert hatte.

Den ersten sichtbaren Ausdruck einer wirklichen Wandlung würde ein neues Statut der Partei geben. Es müßte demokratisch sein und jeden Rückfall in den «stalinistischen» Zentralismus von vornherein unmöglich machen. – Das neue Statut der KP Schwedens könnte als Vorbild dienen. Es verbietet jeden Einfluß höherer Leitungen und Parteiorgane auf die Parteiwahlen. Es gestattet die Bildung oppositioneller Fraktionen in der Partei und damit die öffentliche Kritik an der Politik der Partei durch ihre Mitglieder. Damit wird die Parteidisziplin in Meinungs- und Überzeugungsfragen aufgehoben, durch die ein Kommunist gezwungen werden könnte, in der Öffentlichkeit Meinungen zu rechtfertigen und zu vertreten, die er selbst für falsch hielt.

Natürlich kann ein noch so gutes Statut eine wirklich demokratische Struktur der Partei auch nicht garantieren. In viel höherem Maß wird hierfür das Programm der Partei entscheidend sein. Es ist hier nicht der Ort, Vorschläge auch nur für die Grundlinien eines Programms der neuen KP zu formulieren. Dies neue Programm muß aus gründlichen Beratungen innerhalb der Partei hervorgehen. Solange diese Beratungen allerdings unter den Erschwernissen der Illegalität geführt werden müssen, werden sie nur langsam voranschreiten. Wie heilsam wäre ihnen das Licht der Öffentlichkeit! Schon Lenin hat in seiner Schrift «Was tun?» erklärt, daß Konspiration und innerparteiliche Demokratie miteinander unvereinbar sind. Und er hat das bedauert!

Damit eine neue KP ein progressives Programm ausarbeiten kann und die Öffentlichkeit dabei zugleich die Möglichkeit hat, sich davon zu überzeugen, daß diese Partei ihren neuen Weg wirklich frei, selbständig und demokratisch bestimmt, ist die Wiederherstellung der Legalität für die Kommunisten – entweder durch Aufhebung des KPD-Verbots oder durch Zulassung einer neugegründeten Partei – unbedingt erforderlich.

Sollten politische Weisheit und demokratische Gesinnung sich in der Bundesrepublik in dieser Frage durchsetzen, so wäre nicht nur ein häßlicher Fleck im Image dieses Staates beseitigt, sondern auch ein kluger Schritt in Richtung auf die Wiedervereinigung getan. Denn das Auftreten einer wirklich erneuerten und womöglich auch erfolgreicheren KP in der Bundesrepublik würde zweifellos in der DDR nicht ohne Wirkung bleiben.

Dies wird wohl besonders deutlich, wenn man sich vor Augen hält, zu welchen Fragen das Programm einer neuen KP unmißverständlich Stellung zu nehmen hätte. Viele dieser Fragen sind nicht nur in Deutschland aktuell, sondern bewegen die ganze kommunistische Welt. Sie sind auch keineswegs alle noch unbeantwortet. In der KP Italiens hat das berühmte Testament Togliattis einen Sturm neuer Ideen entfacht. Ich will nur Amendola und Lombardo Radice nennen, die für breite Demokratisierung der Partei, für gründliche Überwindung des doktrinären Dogmatismus, gegen die Herrschaft des Parteiapparates, für ideologische Koexistenz im Sinne einer schöpferischen Auseinandersetzung mit allen Ideen unserer Zeit und für Wiederherstellung der politischen Einheit der Arbeiterbewegung ohne Gängelung einer Mehrheit durch eine Minderheit eintreten.

Ich denke auch an die Ideen des österreichischen Kommunisten Ernst Fischer, an Franz Marek und an den hervorragenden polnischen Theoretiker L. Kolakowski, die sich mit dem Wesen und den Erscheinungsformen der «stalinistischen» Struktur und ihren historischen Quellen auseinandergesetzt haben und bedeutende Beiträge zu dem Problem «Sozialismus und Demokratie» geleistet haben.

Ich will versuchen, hier nur einige der wichtigsten Fragen anzudeuten, mit denen sich die deutsche KP in ihrem Programm zu befassen hätte. Da wäre als erstes eine kritische Auseinandersetzung mit der eigenen Parteigeschichte dringend erforderlich. Die Erfahrungen, die die deutsche Arbeiterklasse im Ersten Weltkrieg und in der November-Revolution 1918 mit der SPD machte, waren gewiß bitter. Aber war die Spaltung der deutschen Arbeiterbewegung, ihre Polarisierung in die radikal revolutionäre KPD und die gemäßigte reformistische SPD, wovon sich die Kommunisten die baldige sozialistische Revolution in Deutschland erhofften, nicht schließlich doch ein Fehlschlag? Schuf diese Spaltung nicht die Voraussetzungen zur entscheidenden Schwächung der deutschen Arbeiterbewegung, ohne die der Sieg Hitlers im Jahre 1933 nicht möglich gewesen wäre? War es nicht grundfalsch, noch im Jahre 1932 die SPD als die Partei der «Sozialfaschisten» zu beschimpfen und als den Hauptfeind zu bezeichnen?

Während der kommunistische Rotfrontkämpferbund (RFB) sich mit den SPD-Genossen des «Reichsbanners» vor den Augen der SA prügelte, rollte die faschistische Dampfwalze fast ungehindert über die Reste der Weimarer Demokratie hinweg. Und da hieß es, man könne im Besitz der marxistischen Theorie den Lauf der Geschichte vorherbestimmen wie den Gang einer Uhr! Die schöpferische Kraft der Spontaneität der Volksmassen, aber auch ihre Blindheit und

Ohnmacht zugleich, sind Fragen, die uns heute nicht weniger beunruhigen als vor 50 Jahren Rosa Luxemburg.

Es wäre auch notwendig, sich von der falschen Interpretation des Begriffes «Stalinismus» loszusagen, die nur die schlimmsten Auswüchse der Stalinschen Ära als Verfehlung anerkennt, die Arbeitslager, die grausamen Verfolgungen und Morde, nicht aber begreifen will, daß die Ursache vor allem nicht in der Person Stalins, sondern in der Struktur des Partei- und Staatsapparates lag, wo Demokratie bestenfalls nur noch als Fassade existierte, alle demokratischen Institutionen wie Parlament und örtliche Volksvertretungen, ja zeitweise sogar die Regierung selbst zu machtlosen Formalismen degradiert waren. Die scheußlichen Selbstzerfleischungen in den Moskauer Prozessen der Jahre 1936/38 und noch danach in den vierziger Jahren haben nicht wenige Opfer auch unter den deutschen Kommunisten gefordert. Das waren viele der Besten der deutschen Arbeiterbewegung. Die meisten sind heute rehabilitiert, als Tote.

Man sollte also erwarten, daß eine erneuerte deutsche KP sich in ihrem Programm gründlich mit dem Problem des Stalinismus auseinandersetzt, sich auch Rechenschaft darüber ablegt, wo und in welchem Ausmaß diese Verunstaltung bereits überwunden wurde und wo nicht oder nur ganz unzulänglich. Wichtig in diesem Zusammenhang wäre auch eine Darlegung der Ansichten der Partei zur modernen Entwicklung von Kunst und Literatur, insbesondere ihre Einstellung zum sogenannten «sozialistischen Realismus», der bereits in verschiedenen kommunistischen Parteien von führenden Theoretikern abgelehnt wird.

Ist es wirklich richtig, ist es vom Standpunkt eines wissenschaftlich verstandenen Marxismus überhaupt zulässig, die Hauptströmungen der Entwicklung von Kunst und Literatur als dekadent zu bezeichnen, «weil sich der Kapitalismus im Verfall, im Untergang befindet»? Steckt in allem diesem nicht ein tiefer Irrtum? Ist der Kapitalismus nicht geradezu beängstigend lebendig? Ich glaube, er trägt tatsächlich sein Kains-Mal, nur nicht da, wo es manche unserer Kulturpolitiker vermuten. Seine Dekadenz ist der Massenkitsch, die Entinnerlichung, die moralische Abnutzung, die Entfremdung vom Nächsten. Sein Kains-Mal ist der Massenmord in Vietnam, der Rassenhaß, das Sattgefressensein inmitten einer Welt, in der zwei Drittel der Menschheit Hungers sterben müssen. Sein Kains-Mal ist die nukleare Superbombe.

Wir leben aber nicht nur in der Zeit, in der sich eine neue Welt des Menschen in gewaltigen Geburtswehen ankündigt, wir leben auch in der Zeit der Bombe. Heute heißt Krieg nicht mehr dasselbe wie zu unserer Väter Zeiten. Kein Soldat wird mehr seine Heimat beschützen, denn im Atomkrieg werden die Soldaten zuletzt sterben. Weltkrieg heißt heute Welttod. Sollten darum nicht gerade die deutschen Kommunisten ihre Einstellung zum modernen Pazifismus gründlich überprüfen?

Für die innenpolitische Position der deutschen Kommunisten ist ihr Verhältnis zur SPD und zu den Gewerkschaften von großer Bedeutung. Um zu einer Zusammenarbeit kommen zu können, müßte die Partei erst einmal gewachsen sein, müßte wenigstens die Fünf-Prozent-Klausel überwunden und mit einer respektablen Zahl von Abgeordneten in den Bundestag eingezogen sein. Wo sollen die Kommunisten ihre Stimmen herbekommen? Sicherlich zum nicht geringen Teil aus dem Kreis bisheriger SPD-Wähler. Ich halte das sehr wohl für möglich. Ich glaube, die SPD würde unter einem Druck von links schließlich doch dazu gebracht werden können, ein Programm zu entwickeln, das eine wirkliche Alternative zur Politik der CDU darstellt.

Bei allem setze ich voraus, daß die Kommunisten es verstanden haben werden, sich von dem Odium einer radikalistischen Umsturzpartei zu befreien, deren Ziel die Errichtung einer totalitären Diktatur ist. Sozialismus mit weniger demokratischen Rechten und Freiheiten als sie bereits der bürgerliche Staat verwirklicht hat, ist ein Zerrbild.

Es muß klar sein, daß die neue KP einen Sozialismus erstrebt, der die demokratischen Errungenschaften der Bourgeoisie nicht zerstört, sondern sichert und ihnen neue hinzufügt. Dann wird es der SPD-Abgeordnete Schmidt auch leichter haben, seine Genossen von der Notwendigkeit des Gesprächs mit *wirklichen* Kommunisten zu überzeugen, statt daß sie sich mit Traktätchen der Bonner Ministerien *über* Kommunismus begnügen müssen.

Vielleicht wird das «Gespräch mit den Kommunisten» einmal das entscheidende gesamtdeutsche Bindeglied! Gibt es die Linken nicht hüben und drüben? Könnten sie nicht die erste gesamtdeutsche Einheit bilden? Die Rechten sind dazu wohl kaum bereit! Die westliche Welt im allgemeinen und das westliche Deutschland im besonderen leiden am «horror communisticus». Wir Deutsche waren aus verständlichen Gründen besonders empfänglich für diese Neurose. Denn wir waren unter Hitler ja noch viel, viel schlimmer als alles Schlimme der Stalin-Ära. Wir haben es also dreifach nötig, uns von dieser geistigen Lähmung zu kurieren und auf klares Denken umzuschalten.

Ein weiteres großes Hauptkapitel eines Programms der neuen KP müßte sich wohl damit befassen, wie sich die Partei den Sozialismus vorstellt. Der Weg zum Sozialismus hängt in Deutschland wie in keinem anderen Land der Welt davon ab, wie man sich den Sozialismus vorstellt. Das liegt einfach daran, daß es die DDR gibt. In der DDR vollzieht sich gegenwärtig ein bedeutender Strukturwandel der sozialistischen Ökonomie. Diese Entwicklung wird sich fortsetzen und das gesamte politisch-gesellschaftliche Leben erfassen, um so schneller, je mehr die Erfolge der ökonomischen Reformen sich durchsetzen. Weiterer Wandel muß also folgen, soll der Aufbau des Sozialismus wirklich umfassend sein. Zum Glück leben wir ja in einer Welt, die sich in den letzten 100 Jahren öfter und gründlicher gewandelt hat als vorher in Jahrtausenden.

Wie also stellt sich eine neue KP den gewandelten Sozialismus vor? Was sagt sie zur bisherigen Entwicklung in der DDR? Was sagt sie zur Mauer? Und weiter: Soll die Frage «Sozialismus oder Kapitalismus?» in Deutschland nicht doch einmal durch den Volkswillen, also durch Wahlen entschieden werden?

In der DDR gibt es neben der SED noch mehrere politische Parteien, die allerdings bei den Wahlen mit einer Einheitsliste auftreten. Muß das für immer so bleiben? Kann es nicht auch im Sozialismus eine parlamentarische Opposition geben? Haben die Arbeiter das Streikrecht? Oder, wenn sie nicht streiken wollen, können sie dann statt dessen wenigstens eine unfähige Betriebsleitung absetzen? Was ist wirksamer und gibt der schöpferischen Initiative mehr Raum: Planwirtschaft oder Wirtschaftsplanung?

Man könnte die Liste dieser Fragen wohl um ein Vielfaches verlängern. Ihre Beantwortung wird nicht immer leicht sein. Viele Beratungen, Diskussionen und Polemiken müßten darüber geführt werden – aber eben in der Öffentlichkeit, im Schutz der Demokratie. Es bleibt die Frage: Ist in der Bundesrepublik schon genug Demokratie, diesen Schutz zu gewähren?

Havemann will die KPD spalten
Erklärung des Politbüros des Zentralkomitees der KPD

Aus: «Neues Deutschland» v. 21. Dezember 1965

Düsseldorf (ADN). Das Politbüro des ZK der KPD veröffentlicht folgende Erklärung: Der aus der SED ausgeschlossene Prof. Havemann hat im Einvernehmen mit westdeutschen Agenturen und unter Zustimmung des Bonner Ministers Mende in einer Zeitschrift der westdeutschen Bourgeoisie, «Der Spiegel», einen bestellten Artikel veröffentlicht, in dem die Spaltung der KPD und der westdeutschen Arbeiterschaft propagiert wird. Herr Havemann wendet sich in seinem Artikel gegen die Aufhebung des KPD-Verbotes in der westdeutschen Bundesrepublik und schlägt vor, die KPD aufzulösen und an ihrer Stelle eine neue Kommunistische Partei der Bundesrepublik zu schaffen. Diese Partei soll nach der Meinung Havemanns vollständig von allen marxistisch-leninistischen Ideen gereinigt sein und als eine Art Hilfsgruppe des Verfassungsschutzes wirken. Es ist kein Zufall, daß die Springer-Presse Auszüge aus diesem Artikel bringen konnte, bevor er in der Zeitschrift erschienen war. Das zeigt, welche höheren Weisungen aus Bonn vorlagen. Die Eile, mit der Herr Mende die Auslassungen des Herrn Havemann aufgriff, läßt die Quellen deutlich erkennen.

Worum geht es?

In der Situation, wo in Westdeutschland die Regierung Notstandsgesetze vorbereitet, wo die Bundesregierung infolge ihrer Atomrüstungs- und Unterdrückungsmethoden gegen die Geistesschaffenden sich in der ganzen Welt diskreditiert hat, in dieser Situation fällt Herr Havemann der breiten Antiatombewegung und Antinotstandsgesetzbewegung in den Rücken und sucht Verwirrung in die Reihen der Arbeiterschaft und der Friedenskräfte zu bringen.

In der gegenwärtigen Situation, wo die Bonner Regierung ein ganzes Programm von Maßnahmen gegen die Werktätigen und vor allem die Gewerkschaften angekündigt hat, in solch einer Situation, wo die Einigung der Arbeiterschaft und aller Friedenskräfte das höchste Gebot ist, in dieser Situation hat sich Herr Havemann den Agenten des westdeutschen Verfassungsschutzes zu Spaltungsversuchen zur Verfügung gestellt.

Wir weisen den ebenso illusionären wie anmaßenden Versuch

141

Havemanns, die Mitglieder der KPD auf eine antimarxistische Position zu bringen, entschieden zurück.

Unsere Partei hat auf ihrem Parteitag 1963, auf den nachfolgenden Tagungen des Zentralkomitees und erst in jüngster Zeit auf der 6. ZK-Tagung eine Politik beschlossen, die darauf gerichtet ist zu verhindern, daß von westdeutschem Boden ein neuer Krieg ausgeht. Wir verfolgen das Ziel, das Grundgesetz zu schützen und all das zu verteidigen, was die Arbeiter- und Volksbewegung in den zwanzig Nachkriegsjahren an sozialen und demokratischen Rechten errungen hat. Von unseren Bemühungen für die Wiederherstellung der Legalität unserer Partei lassen wir uns durch niemand und durch nichts abbringen. Wir haben seit langem der Regierung, dem Bundestag und der Öffentlichkeit reale Vorschläge zur Wiederherstellung der Legalität der KPD unterbreitet. Wir sind der Meinung, daß der politische und juristische Weg über die Freilassung der verhafteten Kommunisten und anderer Friedenskräfte führt, die Einstellung all der Verfahren, die auf der Grundlage des KPD-Verbots anhängig sind; die Gewährung von Meinungsfreiheit in Wort und Schrift für alle Bürger, die sich zur kommunistischen Weltanschauung und Politik bekennen; die Sicherung des passiven Wahlrechts für alle Kommunisten und die Möglichkeit kommunistischer Listen bei den Wahlen; die Wiederherstellung der vollen Legalität der KPD.

Die wachsenden Gefahren, die von der Regierungspolitik für Frieden, Demokratie und soziale Sicherheit ausgehen, machen die Wiederherstellung der Legalität der KPD notwendiger denn je. Es liegt im Interesse aller demokratisch gesinnten Menschen unseres Landes, sich gemeinsam mit den Kommunisten für die freie politische Betätigung der Kommunistischen Partei Deutschlands einzusetzen.

Scherbengericht über Havemann
«Vertrauliches akademie-internes Material für Ordentliche Mitglieder»

Aus: «Die Zeit» v. 18. März 1966

Am 24. März stimmt die Deutsche Akademie der Wissenschaften in Ostberlin über den Ausschluß Professor Robert Havemanns ab. Hier der vertrauliche Bericht des Präsidenten Werner Hartke, der die Grundlage der Ausschlußdiskussion bilden soll.

Unsere Akademie ist in sehr bedenklicher und bedauerlicher Weise durch Umstände betroffen, die von Herrn Havemann verursacht worden sind. Es gibt andere Beispiele dafür, daß durch Akademiemitglieder die Korporation als ganzes in Affären verwickelt wurde, die ihr Schaden und Unsegen bereiten mußten, indem sie auch an die Öffentlichkeit, auf welche Weise immer, kamen. Aber solche Affären haben nie länger als einige Monate gedauert und konnten dann durch die Einsicht des Akademiemitglieds, das Geschick der Akademie und das Vertrauen der Regierung beigelegt werden.[1] Davon unterscheidet sich der gegenwärtige Fall. Das Ansehen der Akademie nach innen und nach außen ist zutiefst gefährdet. Deshalb habe ich mich als Präsident sehr stark engagieren müssen. Ich bitte die Akademiemitglieder, meine Ausführungen so aufzufassen.

Die Angelegenheit von Herrn Havemann muß unter drei Gesichtspunkten betrachtet werden:

Der erste Gesichtspunkt ist gegenwärtig ziemlich weit entfernt vom aktuellen Kern des Problems: die Philosophie. Bekanntlich hat Herr Havemann schon immer philosophische und methodologische Fragen aufgeworfen, so anläßlich des Abdrucks von Engels' «Dialektik der Natur» anfangs der fünfziger Jahre. 1963/64 geschah das mit einem überraschenden und zunächst nicht besonders begründeten Wechsel der Ansichten, vor allem in bekannten Vorträgen in Leipzig und Berlin. Soweit die Philosophie dabei nicht zur Verbrä-

---

1 Eine solche «Affäre» war die Verurteilung des Vizepräsidenten der Akademie, Professor Ertel, durch ein Westberliner Gericht, weil er sich im Laufe mehrerer Jahre durch unberechtigten Lohnumtausch von der Lohnausgleichskasse des Senats von Westberlin einen 1:1-Umtausch von Ostmark in Westmark in Höhe von über 50000 Mark erschlichen hatte. Der Betrag wurde von der DDR zurückerstattet. Ertel schied zwar aus dem Präsidium aus, blieb aber Mitglied der Akademie.

mung anderer Gesichtspunkte benutzt wird, müßten und hätten wir darüber lange, auch mit Herrn Havemann, diskutieren können, wenn, was ich auf Grund von Erfahrungen bezweifle, Herr Havemann zu einer ernsten, tiefgehenden Diskussion dieser Seite überhaupt bereit ist.

Diskussionen über ähnliche Probleme sind ja auch in anderen kommunistischen Parteien aufgekommen. Sie betreffen *deswegen* nicht *unsere* wesentlichen Fragen, weil die Bedingungen dort ganz andere sind. In Italien gibt es eben nicht eine sozialistische Ordnung, aber eine autoritäre katholische Kirche. Aber Fragen, wie sie Max Born in seinem Vortrag 1965 über Symbol und Wirklichkeit anschnitt, sind sehr wichtig, müssen durchdacht und auch von naturwissenschaftlich gebildeten Philosophen sauber untersucht werden. Ich hatte andererseits wiederholt den Vorwurf Havemanns zurückweisen müssen, daß die Akademie neuerdings ihm gegenüber die Freiheit der Meinungsäußerung unterdrücke. Havemann hat aber zum Beispiel kürzlich in einer Plenarsitzung mit dem Vortrag von Herrn Klaus über Wahrheit und Parteilichkeit frei seine Meinung äußern können, hat dann aber, wie öfter sonst, die Sitzung vor Abschluß der Diskussion verlassen.

Niemand verbietet in der DDR den Meinungsstreit und die Diskussion. Aber man kann auch bei uns damit nicht zur Konkurrenz, ja zum Feinde gehen. Man muß bei jeder freien, offenen Meinungsäußerung beachten die Form, in der sie gebracht wird, und den Kreis, vor dem sie gemacht wird. Offenheit ist nicht identisch mit Öffentlichkeit.

Zweiter Gesichtspunkt, unter dem die Angelegenheit Havemann zu betrachten ist, ist die politische Machtfrage, die auch von uns klar gesehen werden muß. Herr Havemann hat wiederholt in der letzten Zeit, zum Teil verquickt mit philosophischen Spekulationen, politische Machtfragen aufgegriffen und Alternativen zur bestehenden politischen Ordnung der DDR aufgestellt. Der Bürger der DDR als Akademiemitglied ist in besonderem Maße *homo publicus*. Er hat sich stets bewußt zu sein, daß seine Äußerung eine andere Wirkung hat, als wenn ein auswärtiges Mitglied dasselbe tut.

Es gilt für den Bürger der DDR die Form der Loyalität. Drei Grundprinzipien unserer Ordnung müssen für Bürger der DDR als unantastbar gelten:

1. Das Bündnis aller fortschrittlichen demokratischen Kräfte in der DDR

   – die Alternative Havemanns der Zulassung einer Oppositions-

144

partei würde[2] – natürlich unter dem Deckmantel des Sozialismus – einen Kristallisationspunkt unzufriedener bis konterrevolutionärer Kräfte schaffen.

2. Die Verantwortung der Werktätigen für die ihnen gehörenden Produktionsmittel, die sozialistische Demokratie

– Alternative Havemanns ist die Empfehlung der Anwendung eines Kampfmittels des Klassenkampfes[3], bestimmt zum Sturz des Kapitalismus, im Sozialismus.

3. Die theoretische und organisatorische Geschlossenheit der sozialistischen Partei

– Alternative Havemanns wäre die Wiederholung der Ereignisse von 1923[4], die eine entscheidende Schwächung der Arbeiterbewegung durch Zerfall einleiteten, welche es der Großindustrie schließlich möglich machte, Hitler durchzubringen.

Der politische Inhalt der Alternativen Havemanns öffnet ihm natürlich auch die Nachrichtenorgane der westlichen Großindustrie wie Springerpresse und «Spiegel». Allein diese Tatsache kennzeichnet für jeden, der politische Erfahrung besitzt, den objektiven Wert und Wirkung dieser Alternativen. Es besteht die absolute Entschlossenheit, allen hieraus entstehenden Gefahren allerdings radikal zu begegnen.

Der dritte Gesichtspunkt hat in peinlicher Weise bereits eine längere Geschichte. Im März 1964 führte Herr Havemann, damals noch Professor an der Humboldt-Universität, u. a. in seinen Diensträumen mehrere Gespräche mit westdeutschen Publizisten über inhaltliche Probleme einer von ihm gehaltenen bekannten Vorlesung und über allgemeine politische Fragen. Er teilte auch dienstliche Angelegenheiten mit, eine dienstliche Aufforderung des zuständigen Staatssekretärs, bei ihm zu erscheinen.

Der Inhalt dieser Gespräche wurde in absolut verleumderischer Weise in der Westpresse gegen die DDR ausgenutzt. Herr Havemann hatte damit gegen bestehende dienstliche Vorschriften und seine Pflichten als Erzieher und gegen seine besondere Treuepflicht

2 In seinem Aufsatz «Plädoyer für eine neue KPD» («Spiegel» Nr. 52/1965) stellte Havemann die – von den kommunistischen Parteien Italiens und Österreichs bejahte – Frage: «Kann es nicht auch im Sozialismus eine parlamentarische Opposition geben?»

3 Im gleichen Aufsatz fragte Havemann nach dem von der Verfassung der DDR ausdrücklich garantierten Streikrecht.

4 1923 fanden in der KPD die Auseinandersetzungen mit der sogenannten Brandtler-Gruppe statt, wobei der linke Flügel sich durchsetzte.

als Institutsdirektor gegenüber dem Staat grob verstoßen und diese Verstöße schon damals fortgesetzt, obwohl er durch Maßnahmen des Rektors gewarnt worden war. Faktisch leistete sein Verhalten der Kampagne gegen die DDR und ihre Hochschulen Vorschub. Die daran interessierten Kreise der Großindustrie in Westdeutschland veröffentlichten in ihren Presseorganen die von ihren Nachrichtensammlern bei Havemann erhaltenen Informationen wiederum begierig. Schon damals haben westliche Nachrichtenagenturen offensichtlich mit dem bei Havemann in Erfahrung gebrachten Material gegen uns gearbeitet, was jedermann und auch Herr Havemann erkennen mußte, zumal wenn man politische Erfahrung besitzt.

Bekanntlich wurde wegen dieses zumindest leichtfertigen und überaus schädlichen Verhaltens Herr Havemann 1964 als Professor, das heißt als Erzieher von Studenten, disziplinarisch fristlos entlassen. Der Physiko-Chemiker Herr Havemann wurde danach im Einvernehmen mit der Regierung hauptamtlich von der Deutschen Akademie der Wissenschaften eingestellt und erhielt ein Sondergehalt von MDN 4000,–.

Im Sommer 1964 wurde durch westliche Nachrichtenorgane bekannt, daß Herr Havemann mit einem westdeutschen Verlag einen Autorenvertrag über die Veröffentlichung seiner in der Humboldt-Universität gehaltenen Vorlesungen abgeschlossen habe.[5] Der Vorsitzende der Forschungsgemeinschaft hielt Herrn Havemann am 1. Juni 1964 vor, daß es wohl angebracht gewesen sei, in Anbetracht der besonderen Umstände, unter denen er in die Forschungsgemeinschaft übernommen worden sei, den Vorsitzenden vorher von einem solchen Schritt zu informieren, denn er erneuere alle Gefahren von schädlichen Kontakten, die schon einmal Anlaß zu disziplinarischen Maßnahmen gegeben hatten. Prinzipiell erkannte Herr Havemann diese Vorhaltung offenbar an, indem er erklärte, die Ausarbeitung der Veröffentlichung habe vor Aufnahme der hauptamtlichen Tätigkeit in der Forschungsgemeinschaft gelegen.

Bekanntlich ist die Veröffentlichung dieser Vorlesungen sowie des zu demselben Thema in Leipzig gehaltenen Vortrages wiederum von den Gegnern der DDR zum Schaden unseres Staates ausgenutzt worden.

Gegen Ende 1964 erhielt Herr Havemann Einladungen zu mehreren politischen und philosophischen Vorträgen nach West-

5 Vertrag mit dem Rowohlt Verlag über «Dialektik ohne Dogma?», erschienen 1964.

deutschland.[6] Unter den gegebenen Umständen sah die Akademie-leitung in einer solchen mit der hauptamtlichen Aufgabe Herrn Havemanns nicht zusammenhängenden Tätigkeit keinen Nutzen für die Wissenschaft und die Akademie. Hiergegen protestierte Herr Havemann bei mir als Präsident und behauptete, daß vielmehr so die geistige Freiheit eines Akademiemitgliedes unterdrückt werden soll.

Auf eine Einladung von mir zu einer Aussprache reagierte Herr Havemann in etwas eigenmächtiger Weise mit der schon die Ehre der DAW[7] anrührenden Andeutung, daß er sich mit dem Präsidenten nur in Gegenwart eines von ihm mitgebrachten Zeugen unterhalten werde, sowie, daß er es für durchaus wichtig halte, wenn die Verhandlung in der Öffentlichkeit bekannt würde.

Ich lehnte ein solches Verhalten ab, und es kam nicht zu der Aussprache. Ende 1964, Anfang 1965 erhielt Herr Havemann erneut Einladungen zu Vorträgen seitens einer westdeutschen politischen Organisation[8] und einer religiös orientierten Gesellschaft[9]. Herr Havemann wurde von mir Mitte Januar 1965 wiederum zu einer Aussprache gebeten, zu der er erschien, ohne Bedingungen zu stellen. Inzwischen war ein weiterer, von Herrn Havemann autorisierter Artikel über verschiedene Angelegenheiten der DDR in der Zeitschrift «Spiegel» erschienen.[10] Ich erläuterte in der Aussprache unter anderem einleitend meine Sorge bei jeder Verhandlung mündlicher oder schriftlicher Art mit Herrn Havemann und begründete sie mit der erwiesenen und auch Herrn Havemann bekannten Tatsache, daß der Inhalt solcher Korrespondenzen auf kürzestem, im einzelnen unbekanntem Wege von einem gewissen Kreise um Herrn Havemann ausgehend bei westlichen Nachrichtendiensten landet. Das wurde am Schicksal des Inhaltes eines dienstlichen Briefes des Generalsekretärs, der kurz vorher innerhalb 36 Stunden

6 Einladungen des Sozialistischen Deutschen Studentenbundes (SDS), des Lehrstuhls für Philosophie an der Technischen Hochschule Karlsruhe sowie des AStA der Universität Frankfurt.

7 Deutsche Akademie der Wissenschaften.

8 Gemeint ist offenbar der SDS.

9 Gemeint ist offenbar die Einladung der Paulus-Gesellschaft zu ihrer Salzburger Tagung über «Christentum und Marxismus heute», an der führende Marxisten teilnahmen, darunter Roger Garaudy (Frankreich) und Lucio Lombardo Radice (Italien).

10 Interview mit dem amerikanischen Journalisten Knoop («Spiegel» Nr. 51/1964).

nach Ablieferung im Dienstbereich von Herrn Havemann beim RIAS bekannt war, beispielsweise erörtert. Dagegen unternehme Herr Havemann nichts. Es betreffe einen der gravierendsten Vorwürfe, die gegen die gesamte Haltung Herrn Havemanns zu erheben sind.

Ich erläuterte Herrn Havemann die Einstellung der Leitung der Akademie zu seinen Reiseanträgen, die an das MDI[11] gerichtet waren, und die Entscheidung, keinesfalls eine Möglichkeit zu bieten, Äußerungen von Herrn Havemann zu Feindseligkeiten gegen die DDR und die Akademie zu benutzen. Herr Havemann gab zu, daß er nach Eingang des dienstlichen Briefes des Generalsekretärs sofort den Inhalt telegraphisch seinen Einladern in Westdeutschland mitteilte, so daß die RIAS-Meldung also nicht verwunderlich sei. Ich antwortete, daß man daraus aber erkennen müsse, wie enge Verbindung Herrn Havemanns Partner in Westdeutschland zu dem Feind der DDR unterhalten. Denn ohne eine telegraphische Information an den RIAS hätte die betreffende Nachricht nicht 36 Stunden nach Eingang der Unterlagen im Geschäftsgang ausgestrahlt werden können. Im Verlauf der Unterhaltung mußte immer wieder darauf hingewiesen werden, daß Herrn Havemanns Verhalten immer wieder vom Feind ausgenutzt werden konnte, ohne daß Herr Havemann etwas dagegen unternommen hätte, im Gegenteil: er gab auch zu, zur Veröffentlichung des erwähnten Artikels im «Spiegel» ausdrücklich seine Zustimmung gegeben zu haben. Das hätte allerdings seinerseits dem Zweck gedient zu beweisen, daß er (Havemann) kein Feind der DDR sei. Der RIAS hat den Artikel zu infam dosierten Angriffen gegen die DDR ausgenutzt.

Etwa um dieselbe Zeit erhielt ich eine Information vom Ministerpräsidenten, daß er Herrn Havemann offiziell habe mitteilen lassen, die Art und Weise, wie Herr Havemann Kontakt mit Persönlichkeiten, Publikationsorganen und Nachrichtenstellen im westlichen Ausland, insbesondere in der BRD unterhält und pflegt, beschwöre ernste Gefahren herauf und sei zu unterlassen. Herr Havemann hat hierzu sofort erklärt, er werde sich an dieses Ersuchen des Ministerpräsidenten nicht halten.

Im September 1965 ging bei der Forschungsgemeinschaft ein Pfändungsbescheid für Herrn Havemann ein. Herr Havemann hatte einen Ordnungsstrafbescheid des Magistrats erhalten, weil er ohne die gesetzliche Lizenz eine Veröffentlichung unter dem Titel «Ja, ich

11 Ministerium des Inneren.

hatte Unrecht» verbreitet hatte.[12] Der Minister für Kultur hatte dabei rechtlich einwandfrei eine Appellation Havemanns gegen die Verwerfung seines Einspruches durch den Magistrat abgelehnt. Herr Havemann vertrat hierbei die Auffassung, je mehr Menschen davon wüßten, um so besser sei es. Er sammle diese schriftlichen Vorgänge säuberlich und beabsichtige, sie bei einer Veröffentlichung über die Rechtsordnung in der DDR zugrunde zu legen. Übrigens wurde die dienstliche Seite dieser Angelegenheit mir wieder zuerst durch eine ins einzelne gehende Notiz im «Spiegel» bekannt.[13]

Im September 1965 übergab Herr Havemann westlichen Publikationsorganen wiederum einen Artikel.[14] Auch dieser Artikel fällt objektiv mit dem Programm der Gegner der DDR zur Zersetzung unseres Staates und unserer Ordnung zusammen. In diesem Sinne steht fest, daß westliche Agenturen mit dem Material Havemanns gegen die DDR gearbeitet haben, wenn anders Herr Havemann die Wahrheit sagt, daß ein Politikum ersten Ranges in den Artikel hineingefälscht worden sei.[15]

Hierauf reagierte der Dienstvorgesetzte Herrn Havemanns, der Vorsitzende der Forschungsgemeinschaft, wie es nun unausweichlich geworden war, mit der Abberufung als Leiter seiner wissenschaftlichen Arbeitsstelle. Bekanntlich obliegt den berufenen Leitern als Beauftragten der Arbeiter- und Bauernmacht u. a. die Pflicht, die Staatsmacht der DDR zu stärken und die Staatsdisziplin zu festigen und zu entwickeln und den Sozialismus zu schaffen.

Ein Mitglied der Akademie hat also durch eine zwei Jahre lang bewußt lebendig erhaltene Affäre alles darauf angelegt, die Akademie und ihre Einrichtungen in öffentliche Konfliktsituationen mit Aufgaben und Gesetzen und mit der Regierung zu bringen, die die

12 «Die Zeit», Nr. 19/1965. Dieser Artikel war Havemanns Antwort auf einen in der FDJ-Zeitschrift «Forum» erschienenen Beitrag, in dem Havemann vorgeworfen wurde, er habe früher selbst stalinistische Ansichten vertreten. Das «Forum» lehnte die Veröffentlichung der Entgegnung Havemanns ab.

13 Der «Spiegel» (Nr. 14/1965) brachte eine kurze Notiz über die gegen Havemann verhängte Ordnungsstrafe, weil er die vom «Forum» nicht abgedruckte Entgegnung vervielfältigt und an die in der DDR lebenden Mitglieder der Akademie versandt hatte.

14 Gemeint ist offenbar das «Plädoyer für eine neue KPD».

15 Havemann bestritt, daß der Satz, der die Zulassung der SPD in der DDR empfiehlt, von ihm stamme.

Akademie erhält und fördert. Dieses Akademiemitglied glaubt, sich an keine Ratschläge und Weisungen halten zu müssen, vielmehr jedesmal selbst entscheiden zu können, welche Normen und Gesetze es einhalten will. Dieses Akademiemitglied glaubt, sich rückhaltlos der Bühne der Konkurrenz und des erklärten Feindes bedienen zu dürfen, obwohl Regierung, Akademieleitung, Vorgesetzte und wohlmeinende Freunde ermahnt haben zu bedenken, daß daraus erwiesenermaßen bewußter Mißbrauch zum Schaden der DDR, der Akademie, der Kollegen und der Mitarbeiter entstanden sei und entstehen würde.

Solche Einstellung fördert praktisch den Geheimnisverrat, indem gewisse Unternehmungen über Photosynthese im Rahmen des RGW[16], die nur einem ganz kleinen Kreise bekannt waren und in der DDR von diesem Akademiemitglied koordiniert wurden, in einer Notiz des «Spiegel» über die Arbeitsstelle dieses Akademiemitglieds publik wurden. Denn wie kann Disziplin gewahrt bleiben, wenn der verantwortliche Leiter die These vertritt, die Weltöffentlichkeit habe das Recht auf totale Information über alles und jedes durch mich. Kann sich dieses Akademiemitglied wundern, wenn man auf seine Mitwirkung an diesem Forschungsprogramm und auf die DDR-Beteiligung überhaupt verzichtet?

Natürlich liegt ein Vertrauensbruch im persönlichen Bereich nicht weit davon entfernt, wenn dieses Akademiemitglied Mitteilungen streng privater Art über fachliche, methodologische und politische Anschauungen von Kollegen des In- und Auslandes nach eigenem Ermessen aus dem Zusammenhang gelöst in der Öffentlichkeit für seine Interessen benutzt. Solche Einstellungen müssen dazu führen, daß man die Normen der Moral ihrer Allgemeingültigkeit entkleidet und widerspruchsvolle Äußerungen tut, den Kollegen insinuiert, sie hätten in geheimer Abstimmung in der Klasse[17] auf Grund einer Suggestion durch den Sekretär votiert oder dem Präsidenten die verletzende Erklärung gibt, Verhandlungen mit ihm kämen nur in Gegenwart eines Zeugen, den das betreffende Akademiemitglied bestimme, in Frage. Niemals wurde ein Wort des Bedauerns aus dem Munde dieses Akademiemitgliedes gehört.

Durch niemand und nirgends kann man in solcher Weise prinzipielle Anarchie einziehen lassen.

16 Rat für gegenseitige Wirtschaftshilfe. Die DDR kündigte bereits 1964 ihre Mitarbeit am RWG-Forschungsthema «Fotosynthese», für das Havemann internationaler Koordinator war.

17 der Deutschen Akademie der Wissenschaften.

Robert Havemann:
Die Entgegnung

Aus: «Die Zeit» v. 18. März 1966

Berlin, den 9. März 1966

Sehr geehrtes Akademiemitglied!

Sie erhielten ein Schreiben des Herrn Präsidenten Hartke, dem ein ausführlicher Bericht angeschlossen ist, den Herr Hartke vor der Klasse für Chemie, Biologie und Geologie zu angeblichen Verfehlungen, Disziplinverletzungen und anderen Vergehen gegeben hat, die ich im Laufe der letzten Jahre begangen haben soll. Der Inhalt dieses Schreibens ist mir erst jetzt zufällig bekanntgeworden, obwohl offensichtlich die darin geltend gemachten Behauptungen die Grundlage der Beratung bilden sollen, die am 24. März in einer Plenarsitzung zu einem Antrag auf Beendigung meiner Mitgliedschaft geführt werden soll. Die in dem Bericht des Herrn Hartke enthaltenen Vorwürfe stellen völlig neue Anklagen dar, die mit denjenigen nicht übereinstimmen, die mir anläßlich meiner fristlosen Abberufung im Dezember 1965 als Begründung genannt wurden. Ich hatte bisher keine Möglichkeit, mich vor irgendeinem Gremium weder zu den alten noch zu den neuen Anschuldigungen zu äußern. Auch zu der Plenarsitzung am 24. März wurde ich bisher nicht eingeladen.

Demnach soll mein Ausschluß aus der Akademie allein mit den in dieser Anklageschrift enthaltenen Behauptungen begründet werden, ohne daß ich als der Beschuldigte überhaupt irgendeine Möglichkeit erhalte, mich vor dem Kreis der Akademiemitglieder zu verantworten und zu rechtfertigen, die über meinen Ausschluß abstimmen sollen. Dieses Verfahren würde den elementarsten Rechtsgrundsätzen widersprechen, die eine Verurteilung ohne Anhören des Beklagten allein auf Grund einer Anklageschrift verbieten.

Da es sich um eine Entscheidung durch Abstimmung handelt, müßte mir zumindest die Möglichkeit gegeben werden, gleichfalls mit einer ausführlichen Erklärung schriftlich auf die Beschuldigungen des Herrn Hartke zu antworten. Dies erfordert aber gleichfalls eine Verschiebung des Termins. Denn ich bin nicht in der Lage, dieses ausführliche Schriftstück bis zum 24. März in über hundert Exemplaren herzustellen, da ich nicht berechtigt bin, hierbei ein Vervielfältigungsverfahren anzuwenden.

In diesem Schreiben werde ich darlegen, daß die Anschuldigun-

151

gen und Behauptungen des Herrn Hartke in allen Punkten zu widerlegen sind. Schon jetzt möchte ich hervorheben, daß die über einen angeblichen Geheimnisverrat gemachten Darlegungen des Herrn Hartke jeder Grundlage entbehren und an böswillige Verleumdung grenzen.

Außer zu dieser schriftlichen Verteidigung müßte ich natürlich auch die Möglichkeit erhalten, mich persönlich vor den Mitgliedern der Akademie zu rechtfertigen.

Ich glaube, daß die Einhaltung dieser selbstverständlichen Bedingungen bei der Durchführung des Verfahrens für die Bewahrung der Würde und des Ansehens unserer Akademie unbedingt erforderlich ist. Ich appelliere deshalb an Sie, eine Abstimmung im Plenum abzulehnen, wenn diesen Grundsätzen von der Leitung der Akademie keine Beachtung geschenkt werden sollte.

Mit vorzüglicher Hochachtung
gez. Robert Havemann

Solidarität

Solidarität mit Robert Havemann

Aufruf ehemaliger Brandenburger Häftlinge an die Antifaschisten in Ost und West.

Wir, die unterzeichneten Mithäftlinge von Robert Havemann im ehemaligen Nazi-Zuchthaus Brandenburg a. d. Havel, protestieren gegen den in der DDR über ihn verhängten Hausarrest.

Havemann wird verfolgt, weil er sich gemeinsam mit dem inzwischen ausgebürgerten Liedermacher Wolf Biermann und einem breiten Freundeskreis für die Menschenrechte in der DDR, die demokratischen Grundrechte, einsetzt.

Wir, seine ehemaligen Mithäftlinge im Zuchthaus Brandenburg, erinnern daran, daß Robert Havemann seinerzeit aus der Todeszelle heraus durch die illegale Zuchthaus-Zeitung «Der Draht» sowie mit Hilfe eines von ihm gebastelten illegalen Kurzwellen-Empfängers den Widerstand der Häftlinge maßgeblich unterstützte.

Diese Aktion hat entscheidend dazu beigetragen, das Überleben zahlreicher Brandenburger politischen Häftlinge zu ermöglichen: zu ihnen gehörte auch der heutige SED-Chef Honecker.

Wir fordern alle antifaschistischen Brandenburger Häftlinge in Ost und West auf, sich diesem Protest anzuschließen.

November 1976

Rudolf Küstermeier, Tel-Aviv
Edu Wald, Dießen
Georg Walter, Düsseldorf
Walter Schwerdtfeger, Karben
Heinz Brandt, Frankfurt a. M.
Walter Uhlmann, Frankfurt a. M.

Lucio Lombardo Radice
Die Kommunisten
der dreißiger Jahre
Ein Nachwort

Wenn ich von den «Kommunisten der dreißiger Jahre» spreche, denke ich an die kommunistische Generation, die in die kommunistischen Parteien der westeuropäischen Länder *nach* dem und *infolge* des VII. Kongresses der Komintern und der Volksfrontstrategie eingetreten ist (also in der Zeit von 1934/35 bis zum Beginn des Zweiten Weltkrieges). Es war eine auffallend große Welle kommunistischer Jugend, die nur mit der kommunistischen Bewegung sofort nach dem Ende des Ersten Weltkrieges und der Entstehung des ersten sozialistischen Staates vergleichbar war. Die Kommunisten der dreißiger Jahre waren die Vorhut und die Voraussetzung der Widerstandsbewegung gegen den Faschismus. In allen Ländern Europas gab es einen solchen Aufbruch: In dem gegen Franco kämpfenden Spanien, in dem von der Volksfront geprägten Frankreich, in dem seit 1934 unter dem klerikalen Faschismus leidenden Österreich; in der Tschechoslowakei, die von den «großen westlichen Demokratien» Hitlers «Drang nach dem Osten» geopfert worden war; in einer ganzen Reihe von faschistischen oder halbfaschistischen Ländern, wie Italien, Jugoslawien, Griechenland, Ungarn, Rumänien, Bulgarien.

Ich bin überzeugt, daß ein ähnlicher Prozeß sich auch in Deutschland entwickelt hätte, daß aber Hitler und die «Braunhemden» den neuen kommunistischen Nachwuchs blutig und mitleidslos im Keim erstickten. Leider gibt es nur sehr wenige deutsche Kommunisten dieser Generation, die die Massaker überlebt haben, und meine Behauptung – oder besser gesagt, meine Vermutung – bestätigen könnten. Symbol dieser neuen kommunistischen Generation, von der in den Konzentrationslagern, den Kerkern und im Krieg viele getötet wurden, ist Robert Havemann. Ihm widme ich herzlich die folgenden geschichtlichen und politischen Erinnerungen und Reflexionen.

Die jungen Leute, die in den dreißiger Jahren in so entfernten und verschiedenen Ländern Europas Kommunisten geworden sind, haben alle einige gemeinsame charakteristische Züge. Sie wurden alle Kommunisten, die aus Liebe zur Freiheit um die Freiheit kämpfen wollten.

In den dreißiger Jahren, mindestens nach Hitlers Sieg 1933, hatte man nur eine Frage zu beantworten: mit Hitler oder gegen Hitler? Die gemeinsame Absicht, Hitler die Macht wieder zu entreißen, war die Vorbedingung, trotz aller möglichen künftigen politischen Verschiedenheit und Streitereien, politisch zusammenarbeiten zu können. Die Wahl der antifaschistisch gesinnten Jugendlichen hing von der Antwort auf die folgende entscheidende Frage ab: Welche politische und gesellschaftliche Kraft kämpfte in der konsequentesten, perspektivvollsten Weise gegen Hitler? Darauf gab es drei Antworten:

1. die Arbeiterklasse,
2. die kommunistischen Parteien der Komintern,
3. die Union der Sozialistischen Sowjetischen Republiken.

Erste Antwort: die Arbeiterklasse. Der letzte Widerstand gegen den «aufhaltsamen Aufstieg» des Faschismus oder der Beginn einer erfolgreichen antifaschistischen Gegenoffensive war überall das Verdienst der Arbeiter.

Im Oktober 1922 kam der letzte Versuch, die «Marcia su Roma» (Marsch auf Rom), nach des Königs Verrat noch aufzuhalten, vom Volksviertel San Lorenzo. Im Februar 1934 in Wien waren die letzten Kämpfer gegen den erfolgreichen faschistischen Aufstand die Arbeiter von Florisdorf. Und es waren – ebenfalls im Februar 1934 – die großen spontanen, einheitlichen und machtvollen Demonstrationen der Arbeiter in Paris, die zum erstenmal den faschistischen Aufmarsch in einem europäischen Land aufhielten und schließlich eine demokratische Wende herbeiführten. Auch in Madrid waren es die Arbeiter, die freiwillig, improvisiert, schlecht oder unbewaffnet, die Republik gegen die «vier Generäle» und ihre Truppen verteidigten. *Ma-*

drid que bien resiste war das proletarische Madrid, das Madrid des Volkes.

Den Zwanzigjährigen der dreißiger Jahre wurde durch diese Ereignisse klar, daß das Scheitern der Bourgeois-Demokratie der Sieg des Faschismus war. Die zweite Antwort war also: die kommunistischen Parteien der Komintern. In allen Ländern Europas zeigten die auf Demokratie und Freiheit sich berufenden Parteien der Bourgeoisie eine zweideutige, widerspruchsvolle Haltung gegenüber der faschistischen Bewegung. Einerseits hielten sie formal an der liberal-demokratischen Ideologie fest. Andererseits betrachteten sie die faschistischen Anfänge mit Sympathie, als erste Schritte einer sehr «nützlichen» antisozialistischen, antikommunistischen «Anti-Arbeiter»-Bewegung.

Wir, die jungen Antifaschisten der dreißiger Jahre, entdeckten aufs neue das Geheimnis, das Marx und Engels fast vor einem Jahrhundert enthüllt hatten: den Klassencharakter der politischen Institutionen und Ideologien. Der «überparteiliche», «ethische» Staat – dieser Staat, das waren doch de facto Polizisten, Generäle, Richter, Minister, Präsidenten und Könige, die die mörderischen Angriffe der faschistischen Sturmabteilungen direkt stützen oder zumindest mit geplanter Trägheit laufen ließen. Die zur «Religion der Freiheit» sich bekennende Bourgeoisie benutzte überall die faschistische Bewegung als eine Waffe zur Verteidigung ihrer Klassenprivilegien gegen jeden Versuch, die Klassenstruktur der kapitalistischen Gesellschaft zu verändern oder umzustürzen.

Wir haben oben behauptet, daß schon *vor* der Wende der Komintern von 1934/35 die letzten Verteidiger der Freiheit gegen den faschistischen Aufstieg die «roten» Arbeiter und die kommunistischen Parteien waren, obwohl diese Parteien als Endziel die Diktatur des Proletariats anvisierten. Im Laufe der dreißiger Jahre wurden die historischen und theoretischen Gründe einer solchen praktischen, politischen, sozusagen instinktiven Haltung der «Roten» zum erstenmal systematisch untersucht. Die *politische* Wende der Volksfront leitete eine *theoretische* Entwicklung ein, nämlich die Befreiung von alten Vorurteilen gegen die sogenannten «formalen» Freiheiten. Die Grundidee des heutigen Eurokommunismus, d. h. die Idee der

Untrennbarkeit von Sozialismus und Demokratie, die Idee des universellen Wertes der Demokratie, hat ihre Wurzeln in den dreißiger Jahren, in der theoretischen Verarbeitung der Massenerfahrung der faschistischen Abschaffung der «formalen Freiheiten». Es war diese Erfahrung, die die roten Arbeitermassen und die kommunistischen Parteien zu einer neuen Haltung gegenüber der «klassischen» Demokratie zwang, und sie allmählich zur Einsicht gelangen ließ, daß die revolutionäre sozialistische Arbeiterbewegung die Demokratie nicht abschaffen, sondern beerben und zum Sozialismus fortentwickeln muß.

Dritte Antwort: Die Union der Sozialistischen Sowjetischen Republiken. Es waren nicht nur Georgi Dimitrov und Ercoli (Palmiro Togliatti) – wie wichtige Lehrer waren sie für die kommunistische Generation der dreißiger Jahre! –, es war auch Stalin, der den Kampf für die Verteidigung und die Wiederherstellung der «klassischen» Demokratien zum Hauptziel der revolutionären Arbeiter Westeuropas erklärte. «Die Arbeiterklasse muß die Fahne der Freiheit aus dem Schlamm, in den die Bourgeoisie sie fallen ließ, wieder aufheben.» Stalins berühmte Losung prägte sich tief in das Bewußtsein der kommunistischen Generation der dreißiger Jahre ein. Für die Antifaschisten, und nicht nur für die Kommunisten Westeuropas, bedeutete die UdSSR in den Jahren von Hitlers Vorbereitungen für den Zweiten Weltkrieg die unerschütterliche Verteidigungslinie unseres Kampfes, die «feste Burg» unseres Widerstandes gegen Hitler.

Die großen parlamentarischen Demokratien von Westeuropa, England und Frankreich, predigten und praktizierten die Politik der Nicht-Intervention im Spanischen Bürgerkrieg; Chamberlain und Daladier unterschrieben den Münchner Vertrag mit Hitler und Mussolini im September 1938. Die UdSSR war die einzige Großmacht, die die spanische Republik unterstützte, und der Münchner Vertrag war deutlich ein Bündnis *gegen* das erste sozialistische Land. So wie die nationale demokratische Bourgeoisie dem Faschismus ein Bündnis vorschlug, so suchten die «großen Demokratien» bis zum letzten Augenblick nach einem Kompromiß mit Hitler und Mussolini gegen die UdSSR. Und sogar die jungen Antifaschisten und Kommunisten, die den Molotov-Ribbentrop-Vertrag vom August 1939 mißbilligten (ich war einer von ihnen), sahen sehr klar, daß es sich um einen sehr vorläufigen Kompromiß handelte, daß der Vertrag für die UdSSR nur ein taktisches Manöver war, um einen reinen Antikomintern-Krieg zu vermeiden, bei dem die demokratischen Großmächte nicht intervenieren würden.

«Wir kommen von fern», schrieb Palmiro Togliatti. Der heutige Eurokommunismus kommt von fern, hat seine feste Wurzel in den dreißiger Jahren. Die jungen Kommunisten der dreißiger Jahre, die die blutigen Kämpfe um die Wiederherstellung der Freiheit überlebten, haben sich *logisch* und *notwendig* in «Euro-kommunisten» verwandelt, in konsequente Verteidiger eines neuen Modells von Sozialismus, eines Sozialismus, der die Demokratie vollständig entwickelt und verwirklicht.

Der Genosse Robert Havemann ist ein Symbol dieser Entwicklung.

Jürgen Fuchs

Gedächtnisprotokolle

Mit Liedern von Gerulf Pannach
und einem Vorwort von Wolf Biermann
rororo aktuell 4122

«Diese bemerkenswerten und für den inneren Zustand der DDR-Gesellschaft, vor allem der Jugend und Armee, höchst aufschlußreichen Gedächtnisprotokolle geben mehrere Gespräche des Autors mit verschiedenen Obrigkeiten wieder. Außerdem enthält der Band kurze Prosatexte, die schlaglichtartig und ausschnitthaft den DDR-Alltag skizzieren.»
Kölner Stadt-Anzeiger

Vernehmungsprotokolle

November '76 bis September '77
rororo aktuell 4271

«Fuchs hält die Wirklichkeit in seinen Notaten mit einer kargen Genauigkeit fest, die es schwer macht, ihnen nicht Wort für Wort zu trauen. Er ist zweifellos ein gewissenhafter Realist.»
Heinrich Vormweg, Süddeutsche Zeitung

**Rowohlt
Taschenbuch Verlag**